Die Autorin
Thea Wachtendorf, geboren 1962 in Ostfriesland, betreibt in Prittriching bei Augsburg ihre eigene Praxis für Psychotherapie, Coaching und spirituelle Schulung.
Sie entwickelte das »Fitnesstraining für die Seele« und bietet regelmäßig Trainingsabende an.
Weiterhin bietet sie zahlreiche Seminare und Ausbildungen im Bereich Psychologie und Spiritualität an.

www.theawachtendorf.de

Das Buch
Mit *Spiegelgesetz in allen Lebenslagen* lädt Thea Wachtendorf den Leser ein, das Spiegelgesetz auf eine neue Weise kennenzulernen. Ausgehend von der Frage »Was hat das mit mir zu tun?« führt die Autorin ihre Fragetechnik für sieben große Themengebiete aus. Damit gibt sie dem Leser eine eingängige Hilfestellung für alle Lebenssituationen an die Hand – die auch von Anfängern leicht zu verstehen und anzuwenden ist.
Dieses Buch ist für alle Menschen geschrieben, die in ihrem Leben Situationen erleben, die sie nicht erleben wollen. Es enthält zahlreiche persönliche und anschauliche Beispiele aus der Praxis der Autorin.

Thea Wachtendorf

Spiegelgesetz

in allen Lebenslagen

Copyright © 2015 Thea Wachtendorf

ISBN 978-3-7386-4656-6

Herstellung und Verlag:
Ab 09/2015 BoD – Books on Demand, Norderstedt
2. Auflage November 2017

© 2010 - 08.2015 Schirner Verlag, Darmstadt

Umschlaggestaltung: Murat Karaçay, Schirner, unter
Verwendung des Bildes Nr. 1846067, www.fotolia.de
Urheber: Irochka
Redaktion & Satz: Rudolf Garski, Schirner

Alle Rechte der Verbreitung jeglicher Art, auch auszugsweise, sind vorbehalten.

Inhalt

Einführung	9
Wie ich meine Opferhaltung erkannte und aufgeben konnte	11
Das Gesetz der Spiegelung	21
Geist erschafft Materie	21
Gesetz der Resonanz	24
Wie dir die Anwendung des Spiegelgesetzes im alltäglichen Leben helfen kann	29
Wie es zu diesem Buch kam	35
Wann es sich lohnt, eine Spiegeltechnik anzuwenden, und wo die Grenzen sind	37
Welche Themen ich mit der Spiegeltechnik bearbeiten kann	43
Die fünf Reaktionsmöglichkeiten	44
Reaktionsarten beim Spiegeln	46
Mögliche Spiegelergebnisse	50
Meine Spiegeltechnik »Was hat das mit mir zu tun?«	53
Fragetechnik 1: Spiegeln von Denken, Fühlen oder Verhalten, das ich an anderen *kritisiere*	55
1. Maria und ihre unerfüllten Bedürfnisse in ihrer Partnerschaft	60
2. Franz und seine Bedürfnisse in der Partnerschaft	66
3. Elke und ihr jammernder Nachbar	69
4. Werner und der fordernde Bankkunde	74
5. Kathrins empfindliches Umgehen mit Kritik	77
6. Die langsam arbeitende Kollegin	80
7. Geiz und Verschwendung	83
8. Unerlaubtes Benutzen von Parfüm	86
9. Tamaras angepasstes Verhalten	88

10. Die Oma kann die Verwirklichung des Traums
    ihrer Enkelin nicht unterstützen ... 92
11. Barbara und das nervige Kind der Nachbarin ... 96
12. Mein Mann funktioniert wie ein Roboter ... 98
Zusammenfassung ... 101

Fragetechnik 2: Spiegeln von Denken, Fühlen oder Verhalten, das ich an anderen *bewundere* ... 105

1. Der gelassene Schauspieler ... 107
2. Marias Bewunderung für ihre hellsichtige Freundin ... 109
3. Die Bewunderung für einen Topverkäufer ... 112
4. Omas Mittagsschlaf ... 115
5. In jedem Menschen etwas Positives sehen ... 117
6. Maike und ihre Hemmungen in Bezug auf Männer ... 119
Zusammenfassung ... 121

Fragetechnik 3: Spiegeln durch Tiere ... 125

1. Miriams Katzen mit Fluchtgedanken ... 126
2. Tanjas anhänglicher Kater ... 127
3. Marcos fresssüchtiger Hund ... 128
4. Emma und der angstvolle Hirsch ... 129
5. Der Kater, der viel Platz für sich beansprucht ... 130
6. Wie eine Schildkröte Gelassenheit bewirkt ... 131
7. Der heimlich fressende Kater ... 132
Zusammenfassung ... 133

Fragetechnik 4: Spiegeln von Krankheiten oder von Ängsten vor Krankheiten ... 135

Fragetechnik Spiegelung von Krankheiten ... 136
1. Mechthilds Knieprobleme ... 137

Fragetechnik Spiegelung von Ängsten vor Krankheiten ... 139
2. Angst vor Darmkrebs ... 140
3. Wenn die Zähne aus der Reihe tanzen ... 142
4. Was der Brustkrebs erzählen kann ... 144
5. Eine Zyste am Eierstock ... 147
6. Sabine und ihre unbewusste Angst, den Krebs
   nicht zu überleben ... 150
Zusammenfassung ... 154

Fragetechnik 5: Spiegelung in Form von Antworten
und Zeichen auf unsere Fragen und Gebete 157
  1. Eine leichte Businesstasche 161
  2. Kuchen für einen Freund 162
  3. Ruhe oder Discobesuch? 163
  4. Das passende Geburtstagsgeschenk 164
  5. Die Begegnung mit einer Alkoholikerin als
     heilsamer Schock 164
  6. Ein Happy End in Sachen Liebe 166
  7. Der neue Job 167
  8. Ein Schmetterling als gutes Zeichen 168
  9. Gönne dir doch Urlaub 169
  Zusammenfassung 170

Fragetechnik 6: Spiegeln von Lebenssituationen 171
  1. Mareikes Kampf gegen die Pfunde 172
  2. Hausbau mit Hindernissen 182
  3. Friedhelms Erfahrungen mit der Arbeitsagentur 185
  4. Ernas Erfahrungen mit der Arbeitsagentur 187
  Zusammenfassung 190

Fragetechnik 7: Spiegel Natur 191
  1. Die Lebenshälften 191
  2. Mit dem Leben fließen 192
  3. Einer sinnvollen Arbeit nachgehen 193
  4. Denke nicht an die Früchte deiner Arbeit 194
  5. Wenn der Nebel einem die Sicht nimmt 195
  6. Es kann nicht immer alles nur wachsen und blühen 196
  Zusammenfassung 197

Abschließende Worte 199
Danksagung 200

Ich schreibe dieses Buch für alle Menschen, die in ihrem Leben Situationen erleben, die sie nicht erleben wollen.
Für jene, die sich über andere Menschen ärgern, sie kritisieren oder die von anderen kritisiert werden.
Für jene, die neidisch oder gekränkt sind, sich missverstanden oder benachteiligt fühlen.
Für jene, denen es schwerfällt, Standpunkte anderer Menschen anzunehmen oder sich zu wehren. Für die Angepassten sowie für die Rebellen.
Aber auch für jene, die andere Menschen bewundern und sich selbst klein machen.
Für jene, die in ihren Rollen gefangen sind, egal ob als Opfer, Täter oder Retter.
Für jene, die nicht wissen, wer sie sind.

Einführung

Wirf einen Blick auf dein Leben. Was siehst du? Harmonische Beziehungen, Liebe, Wohlstand und Glück? Oder eher Konflikte, Stress mit der Familie, Freunden oder Kollegen? Unerfüllte Liebesbeziehungen und Freudlosigkeit im Job? Lässt zudem der erhoffte Wohlstand auf sich warten?
Hast du dich je gefragt, warum alles in deinem Leben so ist, wie es ist? Hast du dir je gewünscht, die Umstände deines Lebens positiv verändern zu können?

In diesem Buch geht es um das »Gesetz der Spiegelung« – und um die Bedeutung dieses Gesetzes für dein Leben. Es besagt, dass alles, was du im Außen siehst und erlebst, die Widerspiegelung deiner bewussten und unbewussten Gedanken und Emotionen sowie deines Verhaltens ist.
So, wie ein herkömmlicher Spiegel dein äußeres Erscheinungsbild widerspiegelt, so spiegelt deine äußere Welt dir in jedem Moment deines Lebens dein inneres Sein mit all deinen tiefsten inneren Überzeugungen zurück.
Wenn du das Gesetz der Spiegelung verstehst und anwenden kannst, erlangst du Selbsterkenntnis in hohem

Maß – und diese Erkenntnis wird alles in deinem Leben verändern.

Wenn uns etwas am anderen oder an einer Lebenssituation nicht gefällt, wünschen wir uns oft, dass diese Person oder Situation sich ändert, damit es uns besser geht. Dem Gesetz der Spiegelung zufolge kann uns jedoch nichts im Außen begegnen, was wir nicht aus einem Teil von uns heraus selbst erschaffen haben.
Daher sind wir aufgefordert, uns selbst zu verändern. Wir sollten uns fragen: »Was hat das, was ich erlebe, mit mir zu tun? Warum erlebe ich das?« Für diejenigen, die anfangen, sich diese Fragen zu stellen, ist anschließend nichts mehr so, wie es vorher einmal war. Ihr Leben ändert sich dadurch zum Guten.
»Jeder ist seines Glückes Schmied.« Dieses Sprichwort haben schon viele Menschen gehört. Ich kenne es auch. Viele aus meinem Umfeld haben es verwendet – Eltern, Großeltern, Lehrer usw. –, aber keiner von ihnen hat mir beigebracht, wie ich zum Schmied werde. Die bewusste Anwendung des Spiegelgesetzes ist ein gutes Hilfsmittel, mit dem man sein eigener Glücksschmied werden kann!

Wie ich meine Opferhaltung erkannte und aufgeben konnte

Wer glaubt, dass einem im Leben etwas geschehen könne, ohne dass man selbst etwas dazu beigetragen hat, lebt in einer Opferhaltung. Opfer empfinden das Leben zumeist als ungerecht. Sie haben ihre Macht und ihre Verantwortung abgegeben und sind sich ihrer Schöpferkraft nicht mehr bewusst. Ich kenne diese Opferhaltung sehr gut aus meinem eigenen Leben. In der Vergangenheit erlebte ich viele Situationen, in denen ich mich vollkommen als Opfer der jeweiligen Umstände empfand, und ich suchte überall die Ursache dafür, außer in mir selbst.
In diesem Kapitel möchte ich dich teilhaben lassen an meinem Weg heraus aus dieser Opferhaltung. Vielleicht hilft es dir, zu sehen, dass auch ich nicht als »Spiegelmeisterin« vom Himmel gefallen bin, sondern den harten Weg der Selbsterkenntnis gehen musste.

Im Alter von 24 Jahren wurde bei mir Brustkrebs diagnostiziert. Mit dieser Erkrankung änderte sich eine Menge in meinem Leben. Zum einen gab es den finanziellen Aspekt. Zur Zeit meiner Erkrankung war ich als Arzthelferin in einer gynäkologischen Praxis tätig und von meinem Gehalt finanziell abhängig. Aufgrund der Diagnose war ich jedoch für meinen damaligen Chef wirtschaftlich nicht mehr tragbar und wurde fristlos entlassen. Die Entlassung kam damals für mich sehr überraschend, denn noch am Vorabend hatte mich mein Chef im Krankenhaus besucht. Und auf meine Frage »Wie regeln wir das mit der Bestrahlung und den Arbeitszeiten?« hat mein Chef geantwortet: »Thea, machen Sie sich keine Gedanken, erholen Sie sich erst einmal, alles Weitere klären wir später.« Seine Klärung war die fristlose Kündigung, die zum Zeitpunkt des Gesprächs schon in meinem Briefkasten lag, denn einen Tag später brachte sie mir meine Freundin ins Krankenhaus mit. Ich weiß nicht mehr, was mich damals mehr enttäuschte: die Kündigung selbst oder die Art, wie sie mich erreichte.

»Darauf, wie mein Chef sich verhält, habe ich keinen Einfluss. Auch kann ich nichts dafür, dass ich an Krebs erkrankt bin.« So dachte ich damals. »Ein anderer oder etwas anderes ist schuld. Die Familiengene sind schuld daran, dass ich an Krebs erkrankt bin. Der Chef ist schuld daran, dass ich jetzt arbeitslos bin.«

Da die gesetzliche Krankenkasse erst nach sechs Wochen Kranksein Krankengeld zahlte und vorher der Arbeitgeber dafür zuständig gewesen wäre, musste ich die fristlose Kündigung in eine fristgerechte Kündigung umwandeln lassen. Ich versuchte, »im Guten« mit meinem

Chef zu sprechen, und bat ihn um die Umwandlung der Kündigung. Ich bat ihn sogar darum, den Job behalten zu dürfen. Seine Antwort war: »Thea, Sie wissen, mit Ihrer Diagnose muss ich Sie nach Hause schicken, wenn Sie zum Beispiel Fieber haben. Eine gesunde Arzthelferin kann auch mit Fieber arbeiten. Sie wissen selbst, wie das mit Krebs ist: Erst wenn man fünf Jahre überlebt hat, kann man von Heilung sprechen.« Dann zählte er mir ein paar Krebspatienten auf, die damals bei ihm in ärztlicher Behandlung waren: »Thea, kennen Sie Frau X noch? Sie hat jetzt nach drei Jahren schon wieder etwas. Und Frau Y auch, die schafft es wohl nicht. Bei Frau Z sieht es ebenfalls schlecht aus. Und, Thea, ich weiß nicht, ob Sie es schaffen werden.«

Somit war das Thema »Job behalten« vom Tisch. Die Umwandlung der Kündigung in eine fristgerechte war für ihn auch nicht machbar. Ich weiß bis heute nicht, ob er einfach große Angst um sein Geld hatte oder ob es andere Gründe für sein Handeln gab.

Nach dem Gespräch war ich ziemlich kraftlos und hätte in meiner Opferhaltung auf alles verzichtet, aber meine Freunde ließen das nicht zu und motivierten und unterstützten mich. So kam mein Fall vor das Arbeitsgericht, und mein damaliger Chef musste in der Folge meine fristlose Kündigung in eine fristgerechte umwandeln und somit weitere 6 Wochen mein Gehalt zahlen. Die fristgerechte Kündigung im Krankheitsfalle war rechtens, denn es handelte sich um einen Betrieb mit weniger als 6 Mitarbeitern.

Ich könnte »ewig« in dieser Weise weiterschreiben, denn ich habe etliche Opfergeschichten aus meinem Leben auf Lager. Nicht nur im Arbeitsbereich und in Sachen Gesundheit hatte ich meine Probleme. Auch in Liebesbeziehungen sowie im Freundes- und Bekanntenkreis gab es jede Menge Umstände und Menschen, mit denen ich nicht einverstanden war. Ich kritisierte, bewertete, verurteilte, beneidete usw. Ich erlebte insgesamt viele negative Emotionen, die ich nicht haben wollte. Ich fühlte mich dadurch oft unfrei und hilflos. Die meiste Zeit über war ich damit beschäftigt, mich und andere (jedoch nie die Betreffenden direkt) zu fragen, warum die anderen so waren, wie sie waren, und warum sie so handelten, wie sie handelten.

Das Mitleid anderer Opfer war mir sicher. Wir konnten stundenlang zusammen über die anderen schimpfen und uns in unser Unglück hineinsteigern: »Wie ungerecht ist doch die Welt!« Dadurch veränderte sich natürlich nichts zum Besseren! Als ich dann irgendwann von meinem Leid und vom Jammern wirklich genug hatte, fragte ich mich zum ersten Mal ernsthaft: »Warum ist das eigentlich so? Wie funktioniert die Welt? Was macht krank, was heilt, was erschafft Lebenssituationen?«

»Und wenn der Schüler bereit ist, dann ist auch der Meister nicht fern«, lautet ein altes Zen-Wort, und so war es auch bei mir. Ich traf eine sehr weise Frau, und in einem Gespräch zur Klärung meiner Lebensprobleme sagte sie mir unter anderem Folgendes:

Wie ich meine Opferhaltung ...

»Du brauchst keinen Trost, sondern eine Veränderung deines Seins! Die meisten Menschen leiden unter einem unwirklichen Selbst und sind bereit, das Unglück auf jeden abzuwälzen, der sich gerade in der Nähe befindet. Das ist nicht der richtige Weg, deine Lage zu verändern.
Du kannst dir nur von innen begegnen. Du kannst andere Menschen nicht kennen. Du kannst einen Teil von dir in ihnen wahrnehmen, mehr nicht! Wenn du also jemanden als egoistisch bezeichnest, dann danke ihm auf der Stelle, denn er hat dir geholfen, dein eigenes Ego zu sehen. Menschen spiegeln sich dir, aber nur, damit du dich finden kannst. Sei du selbst!
Das ist alles, was du brauchst, um dich glücklich und erfüllt zu fühlen. Lebe spontan und unbeständig. Lebe gefährlich, lebe ohne Angst vor der sogenannten Hölle und ohne Gier nach dem sogenannten Himmel, lebe einfach. Gehe den Prozess des Zeugeseins. Die Reise zur Zufriedenheit fängt immer bei dir und deinem eigenen Ego an. Und wenn du deinen inneren Spiegel gefunden hast, können Wunder geschehen.«

Damals, 1988, konnte ich noch nicht viel mit dem Gesagten anfangen, denn ich verstand gar nicht, was die weise Frau mir sagen wollte.
Außerdem zeigte sie gar kein Mitleid mit mir. Schlimmer noch, ihre Worte klangen so, als ob ich mir meine Situation selbst erschaffen hätte! »Du brauchst keinen Trost ...«
Wollte ich das als Opfer hören? Nein. Da waren mir die Menschen viel lieber, die mir nach dem Mund redeten und ein bisschen Mitleid mit mir hatten. Ich erlebte also

weiterhin ähnliche Lebenssituationen wie schon in all den Jahren zuvor. Die gleichen Konflikte, die gleichen Themen, lediglich die Menschen waren andere. Ich beachtete immer noch überwiegend die Aktionen der anderen, anstatt meine Reaktionen auf ihre Aktionen zu überprüfen.

Aber wir müssen nicht immer alles sofort verstehen, Gott sei Dank. Das Universum gibt uns nicht auf, unser eigenes höheres Selbst kennt den Weg, und so kommen immer wieder neue Zeichen in unser Leben. Ein Zeichen war für mich ein Satz in dem Buch »Gespräche mit Gott« von Neale Donald Walsch. Dort heißt es: »Dein Heilsein ist nicht abhängig von der Aktion des anderen, sondern von deiner Reaktion auf seine Aktion.«
Endlich verstand ich, dass ich mich bloß um meine eigenen Reaktionen zu kümmern brauchte. Ich begriff das erste Mal, was die weise Frau mir damals mit den Worten »Gehe den Prozess des Zeugeseins« sagen wollte. Somit begann ich, mich und meine Reaktionen zu beobachten, und irgendwann stellte ich fest: »Wohin ich auch schaue, ich sehe immer nur mich selbst.«
Auch verstand ich die Worte »Du kannst dir nur von innen begegnen. Du kannst andere Menschen nicht kennen. Du kannst einen Teil von dir in ihnen wahrnehmen, mehr nicht! Wenn du also jemanden als egoistisch bezeichnest, dann danke ihm auf der Stelle, denn er hat dir geholfen, dein eigenes Ego zu sehen. Menschen spiegeln sich dir, aber nur, damit du dich finden kannst.«

Sie sprach vom Gesetz der Spiegelung. Die von ihr beschriebene Gesetzmäßigkeit ist eines der vielen universellen Gesetze, denen wir Menschen aus spiritueller Sicht auf dieser Erde unterliegen. Das Spiegelgesetz besagt, dass alles, was man sieht und erlebt, mit einem selbst zu tun hat, mehr noch, dass man alles selbst erschafft. Wie hat man es erschaffen? Hier greifen mehrere Gesetzmäßigkeiten ineinander. Den Zusammenhang werde ich zum besseren Verständnis im nächsten Kapitel »Über das Gesetz der Spiegelung« ausführlich erklären.

Auf jeden Fall veränderte sich mit dem Verstehen dieser Gesetzmäßigkeiten mein Leben radikal zum Besseren. Ich verstand, warum die Dinge in meinem Leben so waren, wie sie waren, und ich erkannte, wodurch ich meine Lebenssituationen erschaffen hatte. Ich erkannte auch, dass es keinen anderen gibt, der »Schuld« an dem hat, was mir geschieht, sondern dass es um Eigenverantwortung geht!
Diese Erkenntnis und die Umsetzung des Gelernten brachten mehr Freiheit, Frieden und Liebe in mein Leben sowie in meine Beziehungen zu anderen Menschen, privat und am Arbeitsplatz. Ich hatte nun die Möglichkeit, meine Vergangenheit in einem anderen Licht zu sehen, und dadurch konnte ich mich aus meiner Opferhaltung befreien. Spätestens zu diesem Zeitpunkt konnte ich annehmen, dass ich meine Krebserkrankung, die fristlose Kündigung und auch alles andere – das Gute wie das Schlechte – selbst erschaffen hatte.

Ich werde dir zu einem späteren Zeitpunkt noch mehr Einblicke in meine damaligen tiefsten Überzeugungen geben, damit du diese Aussage von mir noch besser annehmen kannst.

Ein paar Jahre nach meiner Krebserkrankung war ich dankbar für all das erlebte Leid, denn es hatte mich dazu gebracht, mich mit meinem bewussten und unbewussten Denken und Handeln auseinanderzusetzen. Ich kenne viele Menschen, die durch Leid erwachen und sich ihrer selbst bewusster werden. Ich bin sicher, es geht auch ohne Leid, aber dafür war ich wahrscheinlich zu unbewusst und zu bequem.
Bereits bevor die körperliche Krankheit ausbrach, litt meine Seele an Liebeskummer, Versagens- und Verlustängsten und vielem mehr. Aber um mein seelisches Leid kümmerte ich mich nicht, das hatte ich gut verdrängt. Mir hatte zuvor auch keiner beigebracht, dass es gut wäre, sich darum zu kümmern. Erst als sich mein seelischer Kummer körperlich zeigte und lebensbedrohlich wurde, sah ich die Notwendigkeit und fing an, mich darum zu kümmern.

1986 war es leider noch nicht so, dass Ärzte Krebspatienten einen Psychologenbesuch zur Abklärung seelischer Faktoren empfahlen. Heute ist das anders, und das ist gut so. Es ist natürlich immer noch fraglich, ob der Betroffene einen Psychotherapeuten in sein Leben lassen will, denn das erfordert Mut. Jedoch besteht nun immerhin die Möglichkeit dazu, und der Patient kann seine Wahl treffen. Mir hat jemand nach meiner Krebserkrankung das Buch »Krankheit als Weg« von Thorwald Dethlefsen und Ruediger Dahlke geschenkt. Anfangs baute ich sehr große Widerstände gegen das auf, was darin geschrieben steht, denn die Autoren des Buches zeigen einem deutlich die eigenen Schwachpunkte auf. Wenn man den Widerstand aufgeben kann, kommt man deutlich leichter voran. Doch auch das ist ein Entwicklungsprozess. Wenn man vorher jahrelang erfolgreich verdrängt hat, kann man die Abwehr nicht mit einem Mal abschütteln.

Bei mir verhielt es sich genau so, wie ich es heute auch bei vielen anderen Menschen erlebe: Wenn oberflächlich alles gut lief, kümmerte ich mich nicht um meine Seele. Wenn jedoch die Lebensumstände wieder schwierig oder körperlich Symptome sichtbar wurden, kümmerte ich mich wieder um sie. Dabei sind es gerade die guten Zeiten, die man für Bewusstseinsarbeit nutzen sollte, denn dann ist die eigene Kraft zum Erkennen und Verarbeiten sehr viel größer als in einer Krise!

Bei mir vollzieht sich der Prozess zur Selbsterkenntnis und Veränderung schon seit über zwei Jahrzehnten, und ich falle immer noch dann und wann »in ein Loch«. Noch immer handle ich häufig unbewusst und reagiere ab und an nicht zu meinen Gunsten oder zu Gunsten meiner Mitmenschen. Aber die Konflikte und Schwierigkeiten in meinem Leben haben sich erheblich verringert, die Beziehungen zu meinen Mitmenschen sind von mehr Frieden und Liebe geprägt, und es geschieht sehr viel Schönes und Positives in meinem Leben. Irgendwie fühlt es sich so an, als ob ich innerhalb dieses Lebens noch einmal geboren worden wäre und nun ein total neues Leben hätte.

Wenn ich heute zurückschaue, denke ich oft, wie schwer ich es mir und vielen meiner Mitmenschen gemacht habe. Also, wer auch immer sich angesprochen fühlt, Familienmitglieder, Liebhaber, Lehrer, Vorgesetzte, Kollegen, Patienten, Freunde, Bekannte usw.: Entschuldigung!

Irgendwann wurden die Themen Psychologie und Spiritualität zu meinem Hobby. Inzwischen bin ich seit Jahren hauptberuflich in diesen Bereichen tätig. Die Vermittlung des Spiegelgesetzes ist ein wichtiger Teil meiner Arbeit, denn ich sehe und erlebe dadurch bei vielen Menschen eine schnelle Veränderung zum Positiven. Sobald sie diese Gesetzmäßigkeit verstehen und in ihrem Leben anwenden können, geschehen wahrlich Wunder.

Ich wünsche mir, dass viele Menschen das Wissen um die Gesetzmäßigkeit der Spiegelung erlangen und auch in der Lage sind, diese Gesetzmäßigkeit im alltäglichen Leben anzuwenden.

Aus diesem Grunde wähle ich für dieses Buch einfache Worte und verzichte bewusst auf die Fachsprache der Psychologie. Ebenso habe ich mich in diesem Buch bei der Anrede für das vertrauliche »du« entschieden, denn wenn ich über tiefe innere Prozesse spreche, passt das distanzierte »Sie« meiner Meinung nach nicht.

Das Gesetz der Spiegelung

Beim Spiegelgesetz greifen, wie bereits erwähnt, zwei universelle Gesetzmäßigkeiten ineinander. Auf diese möchte ich nun eingehen.

Geist erschafft Materie

Eine Gesetzmäßigkeit lautet: »Geist erschafft Materie.« Diese besagt, dass alles, was erschaffen ist, zuvor gedacht wurde, weil es sonst nicht sein könnte. Stelle dir ein Glas vor. Was war zuerst da: die Idee, das Glas herzustellen, oder das Glas? Hier würde sicher jeder sagen, dass logischerweise zuerst das Glas erdacht wurde, bevor es hergestellt werden konnte. So könnte ich jetzt jeden handwerklichen Gegenstand aufzählen, immer findet diese Gesetzmäßigkeit ihre Gültigkeit. Darüber sind wir uns sicher einig.

Wenn ich jedoch frage, ob zuerst meine Kündigung oder mein Gedanke daran, dass man mir kündigen könnte, da war, so werden sich die Geister streiten. Aufgrund der Gesetzmäßigkeit »Geist erschafft Materie« müssen zuerst die entsprechenden Gedanken in mir gewesen sein. Früher habe ich dies verneint, denn angstvolle Gedanken, eventuell meinen Job zu verlieren, waren mir nicht bewusst. Und wenn sie mir bewusst gewesen wären, hätte ich sie mit den Erfahrungen meiner Umwelt begründet. In Ostfriesland ist die Arbeitslosigkeit schon immer hoch gewesen, sodass es doch verständlich ist, wenn man sich um den Erhalt des Arbeitsplatzes sorgt. So funktioniert es, das »alte Denken«, so denkt ein Opfer. Ein Schöpfer weiß, dass es sich umgekehrt verhält. Er weiß, dass eine Sorge die entsprechende Erfahrung erst erschafft. In meinem Unterbewusstsein saßen also Gedanken, die eine Kündigung im Krankheitsfall erschufen, sonst hätte ich das nicht erleben können. Zu dem Zeitpunkt war ich lediglich nicht in der Lage, diese Gedanken wahrzunehmen, daher konnte ich auch keinen Einfluss auf die Kündigung nehmen.

Ein einfaches Beispiel hierfür ist die Schweinegrippe. Das »Spiel« hieß »Stelle dir vor, es herrscht eine Schweinegrippeepidemie«. Um dieses Spiel richtig in Gang zu bringen, hätte es viele Menschen gebraucht, die es richtig mitspielen. Sie hätten sich mit diesen Gedanken identifizieren müssen, sie hätten Ängste und heftigen Widerstand gegen diese Art der Grippe produzieren müssen. Damit hätte man eine wirklich große Epidemie erschaffen können.

Aber das Ergebnis blieb aus, denn viele Menschen hatten einfach keine Lust auf dieses Spiel. Sie hatten nach der Vogelgrippe und anderen ähnlichen Spielchen davor irgendwie die Nase voll und identifizierten sich nicht mit

Das Gesetz der Spiegelung

der Angst. Das Ergebnis war, dass nur wenige Menschen sich impfen ließen. So ging an den meisten Menschen die Schweinegrippe einfach vorbei, und eine Epidemie blieb aus.

Jesus sagt: »Dir geschieht nach deinem Glauben.« Und: »Was du befürchtest, kommt über dich.« Glauben ist eine innere Überzeugung, die nicht auf äußeren Beweisen beruht. Jesus sagt zudem: »Alle Dinge sind dem möglich, der glaubt.« Hiermit beschreibt er die Gesetzmäßigkeit »Geist erschafft Materie«.
Heute kann ich bestätigen, dass ich damals zahlreiche negative Gedanken zum besagten Thema hatte. Durch spezielle Übungen zur Bewusstseinserweiterung kamen dann die unbewussten Glaubenssätze ans Licht. Ich entdeckte Glaubenssätze in mir wie: »Nur wenn ich viel leiste, bin ich wertvoll.« Oder: »Nur ein gesunder Arbeitnehmer ist einem Arbeitgeber nützlich. Hoffentlich bleibe ich immer gesund und kann meine Arbeitsfähigkeit erhalten, sonst bin ich nicht nützlich und werde arbeitslos«, usw. Klar, dass ich mit diesen unbewussten Glaubenssätzen für den Krankheitsfall negative Erfahrungen machen musste.

Kannst du dir vorstellen, dass ich nach meiner Kündigung, noch mitten in der Bestrahlungstherapie und immer noch krank, also ohne Aussicht auf einen Job, in meiner Wohnung saß und zu Gott betete: »Bitte, lieber Gott, lass mich doch wieder eine Arbeit finden. Ich will auch gar nichts anderes mehr in meinem Leben, nur einen Job, bei dem ich 40 Stunden in der Woche arbeiten darf und mein Geld verdienen kann«! Das klingt doch ziemlich »krank im Kopf«, oder? Ja, so war ich. Ich habe mich jahrelang nur über Leistung definiert, und es war sehr viel Bewusstseinsarbeit nötig, um das zu verändern.

Durch die Arbeit am eigenen Bewusstsein erkannte ich auch, wo und wann ich diese Glaubenssätze erschaffen hatte. Meist waren es die Vorstellungen anderer Menschen, die ich unbewusst übernommen hatte, etwa von Familienmitgliedern, Lehrern und Vorgesetzten, aber auch durch Fernsehen, Radio, Zeitschriften usw. Jeder, der sich ein wenig mit seinen Glaubenssätzen (seien es bewusste oder unbewusste) beschäftigt, wird nicht mehr überrascht sein, wenn er feststellt, dass seine Lebensumstände so sind, wie sie sind. Es lohnt sich, hinzuschauen, denn ohne Bewusstseinsveränderung ist eine Veränderung der eigenen Lebensumstände nicht möglich.

Gesetz der Resonanz

Damit sind wir auch schon beim »Gesetz der Resonanz« (kommt vom lateinischen Wort *resonare* und bedeutet so viel wie »zurückklingen«) angelangt und eigentlich auch schon beim Gesetz der Spiegelung, denn der Spiegel macht etwas sichtbar, was zurückklingt.

Hierzu eine kleine Geschichte: Es saß einmal ein weiser Mann vor einem Stadttor. Eines Tages kam ein anderer

Mann daher und fragte den Weisen: »Kannst du mir sagen, wie die Menschen in dieser Stadt sind?« Da fragte der weise Mann zurück: »Wie waren die Menschen in der Stadt, aus der du kommst?« – »Einfältig, stur und egoistisch. Darum bin ich auch von dort weggegangen und will hier neu anfangen.« – »Es tut mir leid«, sagte der Weise »aber auch in dieser Stadt sind die Menschen einfältig, stur und egoistisch.«

Etwas später kommt erneut ein Mann ans Stadttor. Auch dieser fragt den Weisen, ob er wisse, wie die Menschen in der Stadt seien. – »Wie waren sie in der Stadt, aus der du kommst?«, fragt wiederum der Weise zurück. – »Ach, sie waren so lieb, nett und hilfsbereit, doch leider hatte ich dort keine Arbeit und musste darum weiterziehen«, antwortete der Mann. – »Da hast du Glück«, sprach da der Weise »denn auch hier sind die Menschen lieb, nett und hilfsbereit. Mache dir also keine Sorgen.«

Wie du vielleicht erkennst, sind die schlauen Sprüche unserer Großeltern und Eltern, Tanten und Onkel usw. wie etwa »Gleich und Gleich gesellt sich gern« oder »Gleiches zieht Gleiches an« doch tiefgründiger, als wir dachten.

In der Geschichte zieht der erste Mann, der seine Mitmenschen als einfältig, stur und egoistisch bezeichnet, wieder das Gleiche an, auch wenn er die Stadt wechselt. Wohin er auch geht, er nimmt sein Energiefeld mit. So ist es auch bei uns. Wohin wir auch gehen, wir nehmen unser Energiefeld und somit auch all unsere Probleme

immer mit. Daher können wir auch vor nichts fliehen. Wenn wir etwas (in uns) nicht erkannt haben, begegnet es uns immer wieder, bis wir es erkennen.
Warum der Mann in der Geschichte dieses Energiefeld hat, lässt sich pauschal nicht sagen. Es könnte sein, dass er genauso einfältig, stur und egoistisch ist und es nicht merkt. Oder er war früher so und bemerkte nicht, was er damit anrichtete. Es könnte aber auch sein, dass er so nicht ist und auch nie war, aber dass früher in seinem Leben einmal jemand anders so war und dass er das Thema seinerzeit mit der Person nicht klären konnte. Es gibt auch noch weitere Möglichkeiten, auf die ich später anhand von Beispielen ausführlich eingehen werde.

Egal in welcher Form, laut Spiegelgesetz hat das, was wir im Außen sehen und erleben, immer etwas mit uns zu tun. Hier noch einmal die Worte der weisen Frau:
»Du kannst dir nur von innen begegnen. Du kannst andere Menschen nicht kennen. Du kannst einen Teil von dir in ihnen wahrnehmen, mehr nicht! Wenn du also jemanden als egoistisch bezeichnest, dann danke ihm auf der Stelle, denn er hat dir geholfen, dein eigenes Ego zu sehen. Menschen spiegeln sich dir, aber nur, damit du dich finden kannst. Sei du selbst!«

Stelle dir vor, du schaust in einen Spiegel und siehst, dass deine Haare ungekämmt sind. Du möchtest sie ordnen, und natürlich kämmst du dich – und nicht etwa dein Spiegelbild. Du kämst auch nie auf die Idee, den Spiegel zu kämmen, um dein Haar zu ordnen. Du würdest dich kämmen, und anschließend zeigt dein Spiegel dich mit gekämmten Haaren.

Um den Bogen zu schlagen: Wenn du nun im Außen einen total eifersüchtigen Partner an deiner Seite hast und dir seine Eifersucht nicht gefällt, fängst du wahrscheinlich an, mit ihm hierüber zu sprechen, eventuell streitest du sogar mit ihm darüber. Du wirst ihn bitten oder auffordern, nicht so eifersüchtig zu sein. In diesem Moment putzt du bereits deinen Spiegel. Keine Sorge, hierfür ist die Lösung sicher nicht die, dass du deinen Unmut hinunterschluckst und mit seiner Eifersucht lebst. Es geht vielmehr darum, herauszufinden, warum du einen Partner anziehst, der so eifersüchtig reagiert. Was hat das mit dir zu tun? Sich selbst die Frage »Was spiegelt mir seine Eifersucht?« zu stellen ist gleichzusetzen mit »sich selbst die Haare zu kämmen«.

Wie dir die Anwendung des Spiegelgesetzes im alltäglichen Leben helfen kann

Man kann, grob unterteilt, sagen, dass wir aus Liebe oder aus Angst heraus handeln. Leider ist das Denken und Handeln der meisten Menschen mehr von Angst als von Liebe beeinflusst. Das hängt von unseren bewussten und unbewussten Glaubensmustern ab, die wir im Laufe unserer Leben erschaffen haben. Ich schreibe absichtlich »unserer Leben«, denn wer weiß schon, wo und wann wir bereits gelebt haben oder auch jetzt leben? Aus spiritueller Sicht sind wir multidimensionale Wesen, die zeitgleich in verschiedenen Dimensionen, in parallelen Welten, anderen Zeiten usw. existieren.

Vielleicht ist diese Idee vollkommen neu für dich, und du denkst dir:»Jetzt wird sie aber etwas komisch, das klingt schon ein wenig abgehoben.« Möglicherweise hast du dich auch schon mit Quantenphysik und der neuen Wissenschaft beschäftigt und kannst diese Aussage einfach als solche stehen lassen. Du musst es nicht glauben, um von diesem Buch einen Nutzen zu haben. Bleiben wir der Einfachheit halber in diesem Leben, die

Schöpfung funktioniert überall gleich, und die Gesetzmäßigkeit »Geist erschafft Materie« wirkt immer.

Wie gesagt, wir handeln entweder aus Liebe oder aus Angst heraus. Hierzu ein Beispiel: Ein Junge spielt mit seinem Vater Fußball und freut sich sehr, dass sein Vater Zeit und Lust hat, mit ihm zu spielen. Plötzlich fällt das Kind hin, verletzt sich und beginnt zu weinen. Dann sagt der Vater so etwas wie »Ein Indianer kennt keinen Schmerz«, »Du bist doch ein tapferer Junge« oder »Fang jetzt bloß nicht an zu heulen«. Gleichgültig warum der Vater das sagt, es kann geschehen, dass das Kind aufgrund dieser Situation negative Glaubenssätze erschafft.
Das Kind könnte denken: »Es ist besser, wenn ich nicht mehr weine, denn anscheinend gefällt das meinem Papa nicht. Wenn ich wieder lustig bin, dann liebt er mich vielleicht mehr.« Und weil er vom Vater geliebt werden will, ist er tapfer und verbietet sich daher die Tränen. Eventuell kehrt er sein Gefühl ins Gegenteil um, in diesem Fall ins Lustigsein. Er lehnt das, was da ist, nämlich die Trauer, ab und verschiebt es ins Unterbewusstsein. Der Junge nimmt eine Rolle an. Wenn dieses Geschehen unbewusst bleibt, verhält er sich ab diesem Tag für immer so. Wenn ihm etwas wehtut, weint er nun nicht mehr, sondern ist stattdessen gemäß seiner neuen Rolle tapfer oder lustig.

Hier ist es wichtig, zu erkennen, dass es nie die »Schuld« der anderen ist, dass wir so geworden sind, wie wir sind.

Im Grunde geht es überhaupt nicht um Schuld, sondern um Bewusstsein. Jesus sagt: »Vater, vergib ihnen, denn sie wissen nicht, was sie tun.« So ging es auch unseren Eltern, Lehrern und vielen anderen Menschen, durch die wir geprägt wurden. Sie meinten es tief in sich nie wirklich schlecht mit uns, sie waren nur unbewusst. Es waren ihre Geschichten, Vorstellungen, Bewertungen und Sichtweisen – und wir waren zu unbewusst, um dies erkennen zu können. Wir nahmen alles persönlich und bezogen ihr Verhalten auf uns. Wir identifizierten uns mit ihren Geschichten und machten sie zu unseren. Dadurch wurden wir selbst unbewusst und haben sicher andere oft verletzt und waren egoistisch, ohne Mitgefühl usw.

Manche Kinder kommen heutzutage schon mit einem höheren Bewusstsein auf die Welt, was durchaus natürlich ist. In meiner Praxis erfahre ich von jungen Eltern immer wieder erstaunliche Geschichten: Die Mutter einer vierjährigen Tochter lebt in Trennung von ihrem Mann, mit dem es immer wieder zu Streitigkeiten kommt. Eines Morgens ließ die Mutter nach einem Telefonat mit ihrem Mann ihre schlechte Laune an der Tochter aus: »Nun trödle nicht so herum, sieh zu, dass du fertig wirst, immer ist das so anstrengend mit dir.« Die Tochter erwiderte daraufhin: »Mama, nur weil du Stress mit Papa hast, musst du mich nicht so anmachen. Im nächsten Leben tauschen wir die Rollen wieder, dann bist du wieder das Kind und ich die Mutter. Ich glaube, das ist besser für uns.« Es ist schön, wenn so viel Bewusstsein in einem ist, dass man das Verhalten der Mutter nicht auf sich bezieht! Ich brachte das nicht fertig ... Wie war es bei dir?

Es ist für uns an der Zeit, aus der Unbewusstheit zu erwachen und uns von den einschränkenden Vorstellungen anderer zu trennen, um unser eigenes Leben selbstbestimmt zu leben. Das ist unsere Aufgabe. Es liegt in unserer Verantwortung, mehr Bewusstsein in unser Leben zu bringen. So bringen wir automatisch mehr Achtsamkeit und Mitgefühl in die Welt, denn je bewusster ich mir meiner selbst bin, desto weniger reagiere ich auf bewusstes oder unbewusstes Handeln und Reagieren meiner Mitmenschen. Nur wenn ich nicht in eine Reaktion verfalle, habe ich wirklich die Wahl, meine Handlung zu bestimmen.

Chuck Spezzano, ein bekannter US-amerikanischer Psychotherapeut und der Begründer von »Psychology of Vision«, vertritt die Ansicht, dass ein Mensch durchschnittlich etwa 300 (!) Rollen spielt. Das ist sehr anstrengend. Überlege dir einmal, wie viele und welche Rollen du spielst.
Ich kann dir ein paar Rollen aufzählen, die ich einst spielte und teilweise immer noch spiele: die Retterin, die gute Tochter, die liebe Schwester, die hilfreiche Freundin, die nette Nachbarin, die verständnisvolle und geduldige Geliebte, die perfekte Mitarbeiterin, die tolle Lebenspartnerin, die fleißige Hausfrau.

Es kann hart und ernüchternd sein, wenn man seine Rollen erkennt, aber es ist der erste Schritt in Richtung Veränderung. Es lohnt sich, genau hinzusehen, denn eine Rolle zu spielen bedeutet, dass ich nicht authentisch bin. Nicht authentisch zu sein bedeutet, dass ich nicht ich bin. Nicht ich zu sein bedeutet, dass ich tief innen denke, ich bin nicht »richtig«, nicht liebenswert. Und im Sinne der Spiegelung bedeutet das, dass ich immer wieder dieses Sich-nicht-geliebt-Fühlen erleben werde, weil ich genau diese Lebensumstände mit meiner Energie anziehe. Dann haben wir uns, wie Jesus sagt, »in der Welt verloren«. Wirklich zufrieden und glücklich kann ich nur sein, wenn ich ich bin.

Das Wissen um die Spiegelung kann dir helfen, dich wiederzufinden. Du kannst dir mithilfe der Spiegeltechnik Unbewusstes wieder bewusst machen, denn dein Leben spiegelt dir deine Lebenseinstellungen in jedem Moment wider. Es zeigt dir immer, wo du stehst, durch andere Menschen und Lebenssituationen, durch Tiere, die Natur usw. Überall kannst du Aspekte deiner selbst erkennen, sobald du dich dafür öffnest. Dein Außen spiegelt dein Innen, macht es für dich sichtbar und fühlbar. Du wirst erkennen, dass die Schwierigkeiten, die du mit anderen hast, in Wahrheit welche sind, die du mit dir selbst hast.

Was zeigte mir mein bisheriges Leben? Wenn ich die Opfer- und Schöpferreaktionen miteinander vergleiche, so kommt dabei in etwa Folgendes zutage: Man kündigt mir auf unschöne Art fristlos meinen Job, und das nur ein paar Tage nach der Diagnose meiner Krebserkrankung. Opfer: »Was für ein unfairer Chef!« Schöpfer: »Spannend, wodurch erschaffe ich das, dass mich mein Chef derart gering schätzt?« Opfer: »In meiner Familie sind einige Personen an Krebs erkrankt, und darum bin ich jetzt auch an Krebs erkrankt. Das liegt an den Genen!« Schöpfer: »Warum erkranke ich an Krebs? Da lohnt es sich doch, einmal genauer hinzuschauen.«

Es fühlt sich gleich sehr viel besser an, wenn ich meine Opferhaltung ablegen kann. Wie anders wäre die Welt, wenn jeder Mensch wüsste, wie er sich vom Opfer zum Schöpfer wandeln könnte! Es ist möglich. »Ihr seid allesamt schlafende Götter«, lautet ein Wort, das Jesus zugeschrieben wird. Jetzt ist es an der Zeit, dies zu erkennen.
Es gibt verschiedene Methoden, mit dem Gesetz der Spiegelung zu arbeiten. Sie werden »Spiegeltechniken« genannt. Die Bewusstwerdung mittels Spiegeltechniken ist für jedermann erlernbar. Außerdem musst du, um Spiegeltechniken anzuwenden, nicht irgendwo hinreisen, denn das Leben selbst ist ein tägliches und »kostenfreies« Seminar.

Wie es zu diesem Buch kam

Inzwischen habe ich viele Seminare zum Spiegelgesetz geleitet. Darin zeige ich den Teilnehmern auf, wie sie ihr tägliches Leben zur Selbsterkenntnis nutzen können. Es ist eine wunderbare Arbeit, denn ich kann bei so vielen Menschen miterleben, wie sie sich aus ihrer Opferhaltung befreien und Einfluss auf die Gestaltung ihrer Lebensumstände nehmen.
Es gibt immer wieder Seminarteilnehmer, die sich in einer Gruppe nicht trauen, ihr persönliches Thema anzusprechen, und lieber nur zuhören. Und obwohl sie während der ganzen Seminarzeit kein einziges Wort sprechen, gehen viele von ihnen mit einem vollständigen Verständnis für ihre eigene Situation aus dem Seminar. Aufgrund der Spiegelung profitieren sie von den anderen Teilnehmern, die ähnliche Themen haben und sich trauen, offen darüber zu reden. Und die Teilnehmer haben stets ähnliche Themen, denn aufgrund der Resonanz ziehen einander stets die gleichen Energien an.

Eines Tages entstand dann die Idee zu diesem Buch. Ich bin sicher, dass sich der eine oder andere Leser in den nachfolgenden Spiegelbeispielen wiederfinden und auf diese Art jede Menge Erkenntnisse erlangen wird.
Ich verwende in diesem Buch Spiegelbeispiele aus meinem Leben sowie auch aus dem anderer Personen. Um die Intimsphäre zu schützen, wurden die Namen der jeweiligen Personen geändert. Sollte es dennoch vorkom-

men, dass jemand ein hier geschildertes Spiegelbeispiel in seinem Leben erlebt und auch noch den im Beispiel gewählten Namen trägt, geschieht dies rein zufällig. Und das Wort »zufällig« besagt, dass es das ist, was dir zufällt. Wenn es also geschehen sollte, dann betrachte es als ein Zeichen dafür, dass es sich für dich lohnt, diese Geschichte ganz bewusst ein zweites Mal zu lesen.

Wann es sich lohnt, eine Spiegeltechnik anzuwenden, und wo die Grenzen sind

Leichter lässt sich die Antwort auf die Frage »Wann lohnt es sich nicht?« geben. Wenn ich völlig glücklich und zufrieden mit mir und meiner Umwelt bin und meine Umwelt auch mit mir in Frieden ist, dann lohnt es sich nicht mehr. Aber so erleben nicht viele Menschen die Welt. Solltest du zu diesen »seltenen Exemplaren« gehören, dann genieße dein Leben, und verschenke dieses Buch!
Leider verhält es sich so, dass, wenn Menschen einander begegnen, es immer wieder zu kleineren oder größeren Konflikten kommt. Es spielt dabei keine Rolle, ob diese Konflikte im Außen ausgetragen werden oder nur im Kopf stattfinden.
Wenn ich mich in einer Konfliktsituation befinde, in der ich etwas an jemand anderem kritisiere, und wenn ich spüre, dass dadurch meine Beziehung zu diesem Menschen negativ beeinflusst wird, dann ist die Spiegelung ein Muss! Denn wenn ich nichts zu erkennen hätte, würde ich diese Situation nicht erleben.

Mit innerer und äußerer Kritik baue ich zwischen mir und dem anderen eine Mauer auf. Eine herzliche Verbindung ist dann nicht mehr möglich. Sobald ich jedoch meinen Anteil an der Situation gefunden habe und verstehe, was das Ganze mit mir zu tun hat, kann die Fixierung im Außen aufgehoben werden und die aufgebauten Mauern können in sich zusammenfallen.

Dann fühle ich mich mit der betreffenden Person wieder im Frieden, denn ich projiziere nichts mehr auf sie. Folglich kann ich mit dieser Person wieder herzlicher umgehen. Möglich ist auch, dass mein Gegenüber immer noch einen Konflikt mit mir hat, aber das kann ich dann gut aushalten. Ich erkenne und spüre ganz genau, dass es nicht mehr mein Thema ist. Somit kann ich die Situation akzeptieren, sie annehmen, wie sie ist, und dem anderen die Zeit geben, die er benötigt, um sich zu befreien – sofern er dies wünscht.

Meist ist es dann so, dass ich mit der aktuellen Situation kein Problem mehr habe, aber es ist möglich, dass ich tiefer liegende Problemthemen entdeckt habe. Erinnerungen aus früheren Zeiten werden wach, die damit verbundenen Gefühle fühlbar, und es ist abhängig von meiner eigenen Entwicklung, wie gut ich damit umgehen kann. Kann ich zulassen, dass alter Schmerz hochkommt? Lasse ich das Fühlen dieses Schmerzes zu? Wenn ja, dann heile ich in diesem Moment bereits durch das Zulassen.

Es ist auch möglich, dass ich allein mit einem Thema überfordert bin und Unterstützung benötige. In diesem Fall sollte man eine fachkundige Person aufsuchen.

An dieser Stelle werde ich oft gefragt, woran man eine fachkundige Person erkenne. Es gäbe ja so viele unfähige Therapeuten oder Lebensberater. Auch hier kann ich nur sagen, dass jeder aufgrund der Spiegelung den für sich passenden Therapeuten trifft.
Geist erschafft Materie. Wenn ich also nur auf Therapeuten treffe, die ich für unfähig halte, dann bin ich aufgefordert, meine Glaubenssätze in dieser Hinsicht einmal zu überprüfen. Das gilt auch für Erfahrungen wie »abgezockt werden«, »manipuliert werden«, »unkorrekt behandelt werden« usw., denn auch hier gilt: »Was hat das, was ich erlebe, mit mir zu tun? Warum ziehe ich solche Therapeuten an?«
Stelle dir diese Fragen, und augenblicklich bist du dein eigener Therapeut. Du wirst erkennen, dass du immer den richtigen Therapeuten hattest bzw. hast, nämlich denjenigen, den du aufgrund deiner inneren Einstellungen anziehst.

Die Spiegeltechnik hilft uns, bewusster zu werden, indem sie Unbewusstes aufdeckt. Sie zeigt uns, wo wir unsere Konflikte haben, bringt Frieden in die aktuelle Situation und befreit uns aus der Opferrolle. Sie macht uns unsere Macht und Schöpferkraft wieder bewusst, aber sie hat auch ihre Grenzen.
Die Grenze ist dann erreicht, wenn ich ein Problemthema erkannt habe, aber diese Erkenntnis allein nicht ausreicht, um zu heilen. Oftmals ist die Erkenntnis völlig ausreichend, aber leider nicht immer. An dieser Stelle können dann andere Heilungstechniken zum Einsatz kommen.

In der heutigen Zeit gibt es zahlreiche unterschiedliche Heilungsmöglichkeiten. Zum einen gibt es Methoden, mit deren Hilfe die Problemursachen aufgedeckt und anschließend erlöst werden. Dazu gehören etwa Psychotherapie, Rückführungstherapie, Familienstellen, Energiearbeit und Kinesiologie, um nur einige zu nennen.
Zum anderen gibt es Methoden, mittels derer ohne Aufdeckung der Ursachen Problemthemen einfach transformiert werden können. Dazu zählen Quantenheilung, Suggestionshypnose, Ho'oponopono (eine hawaiische Versöhnungstechnik) und viele andere mehr. Jeder, der sich für Heilung öffnet, wird die für sich passende Methode finden.

Aber nicht nur bei Problemen lohnt es sich, zu spiegeln. Auch beim Thema Bewunderung lohnt es sich. Wenn ich etwas an einem anderen Menschen bewundere, besteht die Gefahr, dass ich mich selbst herabsetze. Denjenigen, den ich bewundere, erhöhe ich.
Wenn ich mich mit dem anderen vergleiche und schlecht dabei wegkomme, sinkt mein Selbstwertgefühl wahrscheinlich. Sobald ich die Spiegeltechnik anwende, höre ich auf zu vergleichen, denn in dem Moment bin ich mir bereits bewusst, dass mir die Situation etwas zu sagen hat. Anstatt meine Energie dadurch zu verschwenden, dass ich mich »klein« mache, nutze ich so meine Kraft dazu, mehr Selbsterkenntnis zu erlangen.
Damit dies noch verständlicher wird, werde ich hierzu später ein paar Beispiele aufführen.

Nicht selten erlebe ich, dass Seminarteilnehmer mit beispielsweise drei Problemthemen (ich sage auch gerne »Baustellen«, denn das sind sie) in ein Spiegelseminar kommen. Bei diesen drei Themen ist ihnen bewusst, dass sie eine negative Reaktion haben, jedoch aus ihnen noch unklaren Gründen. Diese hoffen sie im Seminar herauszuarbeiten. Das tun wir dann auch, und meist gelingt uns dies sehr schnell.

Aber Spiegelung ist eben Spiegelung, und so ist es natürlich auch kein Zufall, wer mit wem im Seminar sitzt. Oft wird Teilnehmern, wenn sie den Spiegelthemen anderer Seminarteilnehmer zuhören, klar, dass deren Themen teilweise auch ihre eigenen Themen sind. So kann es sein, dass jemand mit drei Baustellen ins Seminar kommt und mit zehn Baustellen nach Hause geht.

Das ist auf den ersten Blick nicht sehr verlockend. Näher betrachtet liegt darin jedoch eine große Chance. Denn die zehn Baustellen waren schon vorher da, und die Betroffenen wurden durch diese Themen unbewusst negativ in ihrem Denken und Handeln beeinflusst. Dies führte mit Sicherheit zu Konflikten mit Menschen aus ihrem Umfeld, aber sie dachten bisher nicht, dass es etwas mit ihnen zu tun hätte.

Sie dachten, es seien die Baustellen der anderen, eben die des Partners, der Eltern, der Kinder usw. Sie dachten, es obliege den anderen, etwas zu verändern. Und nun erkennen sie, dass das Verhalten der anderen sehr wohl etwas mit ihnen selbst zu tun hat und dass sie selber aufgefordert sind, tiefer in die Situation hineinzuschauen, um diese für sich und die anderen zu verbessern.

Unsere Lebenssituationen zeigen uns immer, wo wir stehen. An unseren Reaktionen, Handlungen und unserem Denken können wir uns selbst erkennen. Selbsterkenntnis ist bekanntlich der erste Schritt zur Besserung. Es kostet Mut, sich selbst zu begegnen. Ich weiß, dass es nicht immer schön sein wird, was du entdeckst. Du wirst Seiten von dir erleben, die du nicht magst (weshalb du sie ins Unterbewusstsein verschoben hast). Du wirst sehen, wie neidisch, ängstlich, wütend, zerstörerisch, unnahbar, berechnend usw. du bist! Je intensiver du dich selbst ansiehst, desto mehr wirst du erkennen.
Es ist normal, am Anfang damit zu kämpfen. Ich kenne keinen Menschen, der diese Phase nicht durchmacht. Wenn man die Spiegeltechnik anwendet, zum Beispiel mit einer Kritik am Verhalten des anderen, und sich allmählich dem Punkt nähert, wo man das eigene Verhalten reflektiert, kommt schon einmal die Reaktion: »Nein, das bin ich nicht. In diesem Fall stimmt die Spiegelung nicht. Sie kann ja auch nicht immer passen.«
Richtig Spaß macht das Spiegeln erst dann, wenn ich bereit bin, auch unschöne Seiten an mir zu entdecken, und wenn alle Gefühle in mir sein dürfen. Dann kann ich aufhören, perfekt sein zu wollen, und anfangen, mich so zu lieben, wie ich bin. Und wenn ich das kann, dann kann ich dem Gesetz der Spiegelung zufolge endlich erleben, dass andere mich so lieben können, wie ich bin. Das Pa-

radoxe daran ist, dass ich dieses Erlebnis dann gar nicht mehr brauche. Wenn ich mich selbst liebe und wertschätze, ist es mir relativ egal, was andere von mir denken.

Welche Themen ich mit der Spiegeltechnik bearbeiten kann

Da alles, womit wir in dieser Welt konfrontiert werden, eine Spiegelung von uns ist, kann die Spiegeltechnik auf alles angewendet werden. Zum Beispiel auf:

- Beziehungsthemen in Partnerschaft oder Ehe
- Themen der Beziehung zwischen Eltern und Kindern
- Themen der Beziehung zu Arbeitskollegen, Betriebsrat, Vorgesetzten, Geschäftspartnern oder Kunden
- Themen der Beziehung zu Freunden, Bekannten, Nachbarn, weiteren Verwandten oder anderen Menschen aus meinem Umfeld
- Beziehung zu Tieren, zur Natur oder zur übrigen materiellen Umwelt
- Beziehung zu mir selbst, z. B. mein Selbstwertgefühl, mein Selbstvertrauen, mein Selbstbewusstsein oder mein Mitgefühl
- mein Fühlen (hier werden uns besonders unsere durch Abwehr verdrängten Gefühle gespiegelt)
- mein Denken (hier werden uns besonders unsere unbewussten Glaubensmuster und Überzeugungen gespiegelt)

- mein Handeln *(Im Fühlen, Denken und Handeln spiegeln sich auch all unsere Sorgen und Ängste, aber auch unsere Wünsche, Träume, Bedürfnisse. Besonders die unbewussten und/oder unerfüllten Wünsche, Träume und Bedürfnisse werden sichtbar.)*
- Krankheiten oder Ängste vor Krankheiten
- Antworten auf unsere Fragen und Gebete, also Zeichen oder Hinweise von »oben«

Die fünf Reaktionsmöglichkeiten

In der Konfrontation mit anderen Menschen oder Lebenssituationen können wir auf verschiedene Arten reagieren. Für die Bearbeitung unserer Themen mittels einer Spiegeltechnik ist das Beobachten der eigenen Reaktion ein ganz wichtiger und zentraler Punkt, denn mit unseren Reaktionen arbeiten wir bei der Spiegeltechnik. Erinnere dich an den Satz von Neale Donald Walsch: »Dein Heilsein ist nicht abhängig von der Aktion des anderen, sondern von deiner Reaktion auf seine Aktion.«

Die meisten Menschen sind sich ihrer Reaktionen nicht bewusst. Das kommt daher, dass unsere Abwehrmechanismen gute Arbeit geleistet haben: Ein paar Verletzungen hier, ein paar Misserfolge dort, und schon greift die Abwehr als Schutz ein. Wir lassen das Erleben der schlechten Gefühle nicht zu, stattdessen gehen wir gleich zum Reagieren über. Dadurch bleiben wir mit unserer

Aufmerksamkeit nicht mehr bei uns, sondern lenken sie sogleich auf den anderen.

Hierzu ein Beispiel aus der Praxis:
Monika sitzt mit ihren Freundinnen im Café. Sie selbst hat ein Gewichtsproblem und denkt darüber nach, ob sie sich ein Stück Kuchen gönnen darf oder doch lieber verzichten sollte. Schließlich bestellt sie sich ein Stück Sahnetorte.
Eine der Freundinnen fragt daraufhin spontan: »Willst du wirklich so einen fetthaltigen Kuchen essen?« Monika reagiert beleidigt und erwidert: »Was für eine blöde Frage! Würde ich den Kuchen sonst bestellen?«
Die Stimmung am Tisch ist ab diesem Zeitpunkt unterkühlt. Monika glaubt, dass ihre Freundin sie für zu dick hält, und ist beleidigt, weil diese das so offenkundig vor all den anderen preisgibt.
Was ist passiert? Monika fühlte sich durch die Aussage der Freundin verletzt und schlug deshalb verbal zurück. »Was für eine blöde Frage!« ist praktisch eine Schuldzuweisung. Im Sinne des Spiegelgesetzes jedoch hat die Freundin ihr nur einen Teil ihrer selbst gespiegelt, nämlich den Teil, der meint, sie sei zu dick, und der sie überlegen ließ, ob sie überhaupt Kuchen essen solle.
Wenn Monika selbst keinen Anteil in sich trüge, der zu dick zu sein glaubt, hätte sie nicht groß über die Kuchenfrage nachgedacht und ihre Freundin hätte vermutlich nichts gesagt. Und hätte diese trotzdem einen Kommentar abgegeben, so hätte Monika zumindest nicht negativ

reagiert. Vielleicht hätte sie einfach »Das gönne ich mir jetzt!« erwidert und anschließend mit Freude ihren Kuchen genossen.

Bleibt Monika unbewusst, wird sie sich weiterhin über ihre Freundin ärgern und in der Folge sich mit ihr streiten oder sie meiden. Sie fühlt sich dann als Opfer. Vielleicht wird sie auch mit anderen Opfern darüber reden und deren Mitleid ernten. Vielleicht sagen diese ihr: »Ja, so etwas ist so gemein, wie kann sie das sagen!«
Aber all das würde Monika nicht wirklich helfen. Erst wenn sie sich selbst und ihre Reaktionen betrachtet, kann sie aus der Opferhaltung herauskommen und erfahren, warum sie diese Situation so erleben musste. Das Erkennen seiner Reaktionen ist der erste Schritt, bewusster zu werden.

Reaktionsarten beim Spiegeln

Bevor wir mit dem eigentlichen Spiegeln beginnen können, müssen wir uns unsere Reaktionen genau ansehen. Fünf Reaktionsarten sind bei der Spiegeltechnik zu unterscheiden:

1. Was wir im Außen sehen und erleben, gefällt uns.
Hiermit ist gemeint, dass wir Menschen und/oder Situationen sehen bzw. erleben und positiv auf sie reagieren. Diese positive Reaktion sagt, dass wir eine positive Bewertung zu dem Erlebten gespeichert haben.

Beispiel: Uns begegnet eine Frau mit sonnengebräunter Haut, und wir denken: »Sieht die toll aus!«

2. Was wir im Außen sehen und erleben, gefällt uns nicht.
Hiermit ist das Gegenteil von 1. gemeint. Wir reagieren auf das, was wir im Außen sehen, negativ. Diese negative Reaktion sagt aus, dass wir zu diesen Themen eine negative Bewertung gespeichert haben.
Beispiel: Uns begegnet ein Mann in zu kurzen Shorts mit Sandalen und weißen Socken, und wir denken: »Sieht das doof aus!«

3. Wir sehen es, aber es interessiert uns nicht, es macht emotional gar nichts mit uns.
Hiermit ist gemeint, dass wir eine Situation oder einen Menschen erleben bzw. wahrnehmen, dabei aber in uns keine gefühlsmäßige Reaktion spüren. Dies bedeutet nicht, dass wir hierzu keine Erfahrung oder Einstellung gespeichert hätten. Es ist möglich, dass wir noch zu unbewusst sind und noch keinen Zugang dazu haben. Allein die Tatsache, dass wir es sehen, sagt aus, dass es etwas mit uns zu tun hat.

4. Wir sehen es, empfinden Mitgefühl, aber wir sind frei von Wertungen.
Wir sehen es, aber es ist in uns kein bewertendes Gefühl, das heißt keine positive oder negative Emotion wie in 1. bzw. 2. Im Gegensatz zu 3. macht es jedoch emotional etwas mit uns, es berührt uns. Es entsteht ein tiefes Mit-

gefühl. Wenn wir eine Lebenserfahrung eines anderen negativ bewerten, spüren wir Mitleid mit ihm. Wenn wir sie dagegen positiv bewerten, freuen wir uns mit ihm. Ein spiritueller Meister auf Bali sagte einmal zu mir: »Jedes Mal, wenn du eine Erfahrung machst, von der es kein Gegenteil gibt, bist du nach Hause gekommen.« Es gibt vom Mitgefühl kein Gegenteil. Von einer Emotion dagegen gibt es immer ein Gegenteil, zum Beispiel Trauer zu Freude, Mut zu Angst usw. Mitgefühl bedeutet, alles darf so sein, wie es ist.

Kommentar: Dieses Mitgefühl erleben wir, wenn wir ein Thema persönlich erlebt und es seelisch vollständig verarbeitet haben, sodass keine Emotionen mehr an diese Erinnerungen gebunden sind.

5. Wir sehen es gar nicht.
Hiermit ist tatsächlich gemeint, dass wir einen Menschen nicht gesehen oder eine Situation nicht registriert haben. Dies kann man nur im Beisein von jemand anderem feststellen. Zum Beispiel: Du läufst mit jemandem durch eine Bahnhofshalle, und dein Begleiter sagt zu dir: »Ist doch echt eine arme Seele, dieser Penner, der dort gerade lag«, aber du hast den Penner gar nicht wahrgenommen.

Kommentar: Nur dann hat es gar nichts mit dir zu tun.

Zusammenfassend kann man sagen, dass die Reaktionsarten von eins bis vier im Sinne der Spiegelung immer etwas mit uns zu tun haben. Es kann auch gar nicht anders sein, denn die ganze Welt ist ein Spiegel von uns. Wenn man das in der Tiefe verstanden hat, dann hat das enorme Auswirkungen auf einen selbst und auf andere.

Eine Geschichte:
Es gibt da die Geschichte über einen Arzt auf Hawaii, der Leiter einer Klinik war. In seiner Klinik behandelte er neurotisch und psychotisch schwer erkrankte Menschen. Irgendwann verinnerlichte er das Gesetz der Spiegelung zutiefst und erkannte, dass alle Erkrankten nur eine Spiegelung von ihm waren. Daraufhin behandelte er die Patienten nicht mehr auf die herkömmliche Art. Sie blieben weiterhin in der Klinik, wurden verpflegt und mit schönen Dingen beschäftigt, konnten auch reden, aber es wurden keine Therapiegespräche mehr geführt.
Der Arzt studierte alle Krankenakten seiner Patienten in dem Bewusstsein, dass die darin vorkommenden Themen alle auch seine Themen sein mussten. Von da an behandelte er nur noch sich selbst. In der Folge wurden die Patienten nach und nach gesund. Irgendwann konnte auch der letzte Patient die Klinik geheilt entlassen.

Der berühmte Therapeuten-Satz »Was haben wir denn für ein Problem?« bekommt aufgrund dieser Geschichte eine ganz neue Bedeutung. Mache dich also in der Gesellschaft eines Therapeuten nie mehr klein, und höre auf zu denken, dass der Therapeut gesünder oder heiler sei als du. Du spiegelst ihm etwas, und er spiegelt dir etwas, das ist alles.

Mögliche Spiegelergebnisse

Ich habe bereits erwähnt, dass beim Spiegeln mehrere Ergebnisse möglich sind. Wenn ich etwas sehe, also z. B. dass sich jemand aggressiv verhält, bedeutet das nicht automatisch, dass ich das auch bin. Es spiegelt mir aber auf jeden Fall, dass das Thema Aggressivität überhaupt etwas mit mir zu tun hat.
Nachfolgend führe ich die möglichen Ergebnisse des Spiegelns auf. Es kann sein, dass von den verschiedenen Ergebnissen nur eines auf mich zutrifft, es können jedoch auch mehrere oder alle Punkte zutreffen. Es lohnt sich also, die Fragetechnik konsequent bis zum Ende durchzuführen. Hier die Möglichkeiten:

- Ich tue das Gleiche (mit mir oder anderen), oder ich denke es (über mich oder andere).
- Ich tue oder denke das Gegenteil und bin vielleicht zu extrem darin.
- Ich habe es – oder auch das Gegenteil – in der Vergangenheit getan oder gedacht, und es ist mir nicht bewusst.
- Jemand anders tut es oder hat es getan (mit mir, oder ich war Zuschauer), und es macht etwas mit mir, jedoch habe ich dies nicht geklärt.
- Das, was ich sehe, hat eine übertragene (also sinnbildliche) Botschaft für mich.

Damit die verschiedenen Spiegelresultate deutlicher werden, verbinde ich sie veranschaulichend mit einem Beispiel:
Jemand beschwert sich, dass ihm jeden Tag ein Autofahrer auf dem Weg zur Arbeit die Vorfahrt nimmt. Hier könnte das Ergebnis sein:

- *Er tut das Gleiche.* Er nimmt auch irgendwo jemandem mit dem Auto die Vorfahrt und bemerkt es nicht. So wird ihm sein eigenes Verhalten gespiegelt, und er kann dadurch spüren, wie es sich für jemand anderen anfühlt. Danach kann er sich entscheiden, ob er anderen und sich weiterhin derart ungute Gefühle bereiten will.
- *Er tut das Gegenteil und ist vielleicht zu extrem darin.* Er nimmt keinem die Vorfahrt, aber vielleicht behindert er andere auf entgegengesetzte Art und Weise, z. B. durch sehr zögerliches Anfahren. Er ist aufgefordert, seinen Fahrstil zu überprüfen und gegebenenfalls zu korrigieren.
- *Er hat es in der Vergangenheit getan.* Vielleicht hat er in der Vergangenheit öfter jemandem die Vorfahrt genommen und ist sich dessen nicht bewusst. Dann hat er jetzt die Chance zu spüren, wie es sich anfühlt. Dadurch kann ihm bewusst werden, dass das kein gutes Gefühl bei anderen hinterlassen hat.
- *Er hat es in der Vergangenheit schon einmal erlebt. Jemand hat ihm die Vorfahrt genommen, es hat ihn gestört, aber er hat es damals nicht geklärt.* Das Erlebnis ist unverarbei-

tet in seinem Energiefeld gespeichert, wodurch er die gleiche Situation wieder anzieht.
- *Er hat in der Vergangenheit miterlebt, wie jemand einem anderen die Vorfahrt genommen hat. Das hat ihn damals gestört, aber er hat das Thema nicht geklärt.* Auch dieses Erlebnis ist gespeichert, und weil er es nicht geklärt hat, kommt es erneut auf ihn zurück.
- *Die übertragene Botschaft.* Er nimmt keinem die Vorfahrt, hat es auch in der Vergangenheit nicht getan und kennt auch keinen, dem das passiert ist. Er kann mit dem Thema nicht direkt etwas anfangen. Dann lohnt sich die Frage, ob es sich um eine übertragene Botschaft handeln könnte. In diesem Fall sollte er sich Fragen folgender Art stellen: »Nehme ich irgendjemandem etwas weg? Wem komme ich immer zuvor? Wo und wann bin ich immer ein bisschen schneller als meine Mitstreiter? Kämpfe ich mit fairen Mitteln?«

Meine Spiegeltechnik »Was hat das mit mir zu tun?«

Eine Möglichkeit, sich zu spiegeln, liegt in der Anwendung einer gezielten Fragetechnik. In Situationen, in denen ich emotional negativ reagiere, lautet meine gängige Frage: »Was hat das mit mir zu tun?« Diese Frage hilft mir sofort aus meiner Opferhaltung heraus. Ich habe meinen Lebenspartner und meine Freunde gebeten, dass sie mich sofort mit diesem Satz konfrontieren sollen, sobald ich unbewusst reagiere. Auf diese Art helfen sie mir am besten, und letztlich auch sich selbst. Das ist zwar nicht immer angenehm für alle Beteiligten, aber sehr wirksam.

Daher habe ich meine Spiegeltechnik »Was hat das mit mir zu tun?« genannt. Es handelt sich hierbei um eine von mir entwickelte gezielte Fragetechnik. Um allerdings unterschiedliche Themen spiegeln zu können, sind auch verschiedene, den Themen angepasste Fragetechniken notwendig. Insgesamt habe ich sieben Fragetechniken erstellt, mit deren Hilfe alle wichtigen Themen bearbeitet werden können:

1. Spiegeln von Denken, Fühlen oder Verhalten, das ich an anderen *kritisiere*
2. Spiegeln von Denken, Fühlen oder Verhalten, das ich an anderen *bewundere*

3. Spiegeln durch Tiere
4. Spiegeln von Krankheiten oder Ängsten vor Krankheiten
5. Spiegeln in Form von synchronen Ereignissen als Antworten auf unsere Fragen und Gebete sowie wichtige Hinweise für uns
6. Spiegeln von Lebenseinstellungen anhand allgemeiner Lebenssituationen
7. Spiegeln durch die Natur

Am Anfang empfehle ich dir, dich möglichst genau an die Fragen zu halten. Es wird dir helfen, dein Thema genau zu beleuchten. Einige Anwender sagen, dass es nach einer gewissen Übungszeit relativ einfach ist, die Problemthemen anderer Menschen zu durchschauen. Bei sich selbst würden sie aber immer noch oft »auf der Leitung« stehen. Daraufhin hake ich meistens nach: »Spannend, was hast du denn bei der anderen Person gesehen? Und was hat das mit dir zu tun? Du weißt ja: Wohin du auch schaust, du siehst immer nur dich!« Aber es stimmt schon: Sich selbst zu durchschauen, das erfordert ein hohes Bewusstsein oder eine gute Strategie, gepaart mit sehr viel Übung.

Fragetechnik 1:
Spiegeln von Denken, Fühlen oder Verhalten, das ich an anderen *kritisiere*

Mit dieser Fragetechnik können wir gezielt unsere Konfliktthemen bearbeiten. Es gibt unzählige Situationen, in denen wir andere Menschen oder deren Handlungen kritisieren. Dabei spielt es keine Rolle, ob wir unsere Kritik offen zeigen und aussprechen oder ob wir diese kritischen Gedanken verheimlichen. Mit der nun folgenden Fragestellung können wir herausfinden, warum wir mit diesem Kritikthema konfrontiert werden und was unsere Aufgabe in dieser Situation ist. Ein paar einfache Fragen bringen dir die Antwort:

1. *Worum genau geht es?*

2. *Denkst, fühlst oder tust du das auch? Mit dir oder anderen?*

3. *Hast du das in der Vergangenheit gedacht, gefühlt oder getan? Mit dir oder anderen?*

4. Denkst, fühlst oder tust du vielleicht genau das Gegenteil von dem, was du am anderen kritisierst, und bist du vielleicht zu extrem darin?

5. Würdest du gerne so denken, fühlen oder handeln?

6. Hat sich in der Vergangenheit schon einmal jemand dir gegenüber so verhalten, wie du es heute am anderen kritisierst? Hat es dich damals schon gestört, und hast du es damals geklärt (= angesprochen)?

7. Hat sich in der Vergangenheit schon einmal jemand anders gegenüber einem anderen so verhalten, und hast du es miterlebt? Wenn ja, wie war das für dich?

8. Wenn nichts davon passt: Kann es sich um eine übertragene Botschaft handeln?

9. Was erkennst du für dich?

Die Fragetechnik zum Thema Kritik ist eine der wichtigsten Techniken in diesem Buch, denn jeder Konflikt hat in irgendeiner Weise mit Kritik zu tun. Aus diesem Grund füge ich den Standardfragen erklärend einige Zusatzfragen hinzu, damit du ein besseres Verständnis für diese Fragetechnik erlangst.
»Worum genau geht es?« Je klarer die Antwort auf diese Frage herausgearbeitet wird, desto besser funktioniert die Technik. Manchmal sind an dieser Stelle gezielte

Nachfragen erforderlich, um auf den Punkt zu kommen. Sollten hier mehrere Themen hervortreten, z. B. »immer unpünktlich«, »immer unsensibel«, »immer launisch« usw., so muss die Technik für jeden Punkt gesondert durchgeführt werden.

Wenn man diese Technik mit anderen gemeinsam durchführt, kommt es oft zu unnötigen und hinderlichen Diskussionen. Hierzu gebe ich zum besseren Verständnis ein praktisches Beispiel: Monika und ihr Kuchen.

Monika will das Thema Kuchen spiegeln, und ihre Freundinnen helfen ihr dabei. Eine Freundin übernimmt die Rolle der Fragenden und wird somit zum Coach für Monika.
Sie stellt die erste Frage: »Worum genau geht es?«
Monika antwortet: »Mich stört, dass sie denkt, ich sei zu dick.«
Eine der anderen Freundinnen mischt sich ein: »Geht es nicht eher darum, dass sie das vor allen anderen sagt?«
Und eine weitere Freundin meint: »Vielleicht geht es auch darum, dass man von einer Freundin etwas so Gemeines nicht erwarten würde.«
Und der Coach ergänzt noch: »Ich glaube eher, dass es die Art der Aussage war, die dich so gekränkt hat.«

Jeder kann nur das wahrnehmen, was ihn selbst betrifft. Jeder Anwesende wird auf die Frage »Worum genau geht es?« anders antworten. Darum ist es sehr wichtig, sich hierbei nicht auf Diskussionen einzulassen und nur den Antworten des Befragten Aufmerksamkeit zu schenken.

Nachfolgend greife ich das Thema Unpünktlichkeit auf und füge den Standardfragen als Hilfe noch ein paar Zusatzfragen hinzu. So verstehst du die Fragetechnik besser und erlangst auch ein besseres Gefühl für sie.

1. Worum genau geht es?
Meine Freundin ist immer unpünktlich.

2. Denkst, fühlst oder tust du das auch? Mit dir oder anderen?
(Bewusst oder unbewusst? – Hierbei ist es spannend und oft hilfreich, auch Freunde und Bekannte zu befragen, denn die Eigen- und die Fremdwahrnehmung weichen meist voneinander ab.) In diesem Fall: Bist du auch unpünktlich?

3. Hast du das in der Vergangenheit gedacht, gefühlt oder getan? Mit dir oder anderen?
Warst du in der Vergangenheit unpünktlich? Wenn ja, wie haben deine Mitmenschen darauf reagiert? Wurde dein Verhalten kritisiert oder bewundert? Wenn ja, von wem, und wie hast du das erlebt? Was genau hat derjenige gesagt oder getan? Wie hast du reagiert?

4. Denkst, fühlst oder tust du vielleicht genau das Gegenteil von dem, was du am anderen kritisierst, und bist du vielleicht zu extrem darin?
Bist du vielleicht überpünktlich? Bist du lieber immer mindestens 10 Minuten vor einem Termin da? Bist du jemand, der sich eher abhetzt, um pünktlich zu sein, anstatt anzurufen und zu sagen, dass es etwas später wird? Kannst du auch unpünktlich sein und dich dabei gut fühlen? Wenn nein, warum nicht?

5. Würdest du gerne so denken, fühlen oder sein?
Würdest du auch gerne einmal unpünktlich sein? Kannst du dir gestatten, unpünktlich zu sein?

6. Hat sich in der Vergangenheit schon einmal jemand dir gegenüber so verhalten, wie du es heute bei anderen kritisierst? Hat es dich damals schon gestört, und hast du es damals geklärt (= angesprochen)?
War in deiner Vergangenheit jemand unpünktlich, und hat es dich gestört? Hast du dieser Person damals gesagt, dass dich ihre Unpünktlichkeit stört? Hast du es geklärt?

7. Hat sich in der Vergangenheit schon einmal jemand anders gegenüber einem anderen so verhalten, und hast du es miterlebt? Wenn ja, wie war das?
Hast du miterlebt, dass eine Person unpünktlich war im Umgang mit jemand anderem? Wenn ja, wie war das für dich? Wie haben die Personen auf einander reagiert? Hast du für einen der beiden innerlich Partei ergriffen?

Hast du damals die Unpünktlichkeit auch schon kritisiert? Wenn ja, warum?

8. Wenn nichts davon passt: Kann es sich um eine übertragene Botschaft handeln?
Was bedeutet Unpünktlichkeit für dich? Worum genau geht es diesbezüglich für dich? Hat es für dich vielleicht etwas mit Wertschätzung oder Achtsamkeit zu tun? Oder mit anderen Themen?

9. Was erkennst du für dich?
Ist dir durch die Fragestellung etwas bewusst geworden? Wenn ja, was? Ist es hilfreich für dich, das jetzt zu wissen? Wenn ja, warum? Was verändert sich dadurch in deinem Leben?

Ich werde jetzt mehrere Beispiele zu diesem Thema anführen, anhand derer dir die Fragetechnik immer vertrauter werden wird. Vielleicht findest du dich auch in einigen Beispielen wieder. Nach dem Lesen der Beispiele wird es dir sicher gelingen, deine persönlichen Themen mit dieser Fragetechnik zu bearbeiten.

1. Maria und ihre unerfüllten Bedürfnisse in ihrer Partnerschaft

Maria lebt seit drei Jahren mit ihrem Freund zusammen. Anfangs war sie sehr verliebt und glücklich mit ihm, aber zunehmend stellt sich eine Unzufriedenheit bei ihr ein. Sie hat das Gefühl, dass er sie nicht wertschätzt. Sie überlegt, ob er wohl der richtige Partner für sie ist oder ob es besser wäre, sich von ihm zu trennen. Sie erlebt die fehlende Wertschätzung durch den Partner immer wieder in ihren Beziehungen. Anfangs ist alles bestens, aber nach einer gewissen Zeit verändert sich alles zum Schlechteren.

Worum genau geht es?
Er kümmert sich nicht genug um mich, ich glaube, ich bin nicht wichtig genug für ihn.

Woran machst du das fest?
Er interessiert sich nicht genug für meine Bedürfnisse.

Er sollte sich also mehr für deine Bedürfnisse interessieren?
Ja, genau. Und sich nicht nur dafür interessieren, sondern er sollte sich auch darum kümmern, dass sie befriedigt werden.

Konzentrieren wir uns einmal auf die Aussage »Er sollte sich mehr um meine Bedürfnisse kümmern und sie auch befriedigen«.

Tust du das auch, mit dir oder anderen? (Daraus ergeben sich in diesem Fall zwei Fragen:)
1. Interessierst du dich für seine *Bedürfnisse* und befriedigst *sie?*

Ja, natürlich. Ich lese ihm jeden Wunsch von den Augen ab.

2. Interessierst du dich für deine Bedürfnisse und befriedigst sie dir?
Mir fällt jetzt auf, dass ich selbst mich gar nicht um meine eigenen Bedürfnisse kümmere. Ich gehe eigentlich gerne zum Sport, ins Kino, spazieren usw., aber das habe ich schon ewig nicht mehr gemacht. Wenn ich in einer Beziehung bin, kommen meine Interessen zu kurz, denn ich richte mich dann mehr nach den Bedürfnissen meines Partners.

Hast du das in der Vergangenheit getan?
Auch in der Vergangenheit habe ich mich sehr um die Bedürfnisse meiner Partner gekümmert und mein Handeln deutlich nach ihnen ausgerichtet.

Würdest du das gerne tun? Würdest du dir deine Bedürfnisse gerne befriedigen? (Seine Bedürfnisse befriedigst du ja schon.)
Ja, ich würde mir gerne wieder mehr meine Bedürfnisse befriedigen. Mir war nicht bewusst, dass ich es nicht tue.

Tust du das Gegenteil von dem, was du am Partner kritisierst, und bist du vielleicht zu extrem darin?
Meinst du, ob ich mich zu sehr um ihn kümmere?

Ja, mag dein Partner das? Und möchte er vielleicht sogar, dass du dich mehr um dich kümmerst?

Ich habe ihn nie danach gefragt. Ich habe mich einfach immer nach ihm gerichtet, weil das normal für mich ist.

Weiß dein Partner überhaupt, dass du andere Bedürfnisse hast?
Ich habe ihm einmal erzählt, dass ich früher viel unternommen habe und mir wünsche, dass er mehr mit mir gemeinsam unternähme. Aber er hat dann gesagt, dass er keine Lust auf Kino und Sport habe. Ab und zu mit mir gemeinsam spazieren gehen, das will er schon, aber ansonsten will er lieber seine Ruhe haben und ein wenig fernsehen.

Du hast gesagt, du interessierst dich für die Bedürfnisse deines Partners und dass du sie ihm auch befriedigst. Wie sieht das denn in der Praxis aus? Sitzt du gemeinsam mit ihm in aller Ruhe vor dem Fernseher?
Ja, ich sitze gemeinsam mit ihm vor dem Fernseher. Meistens bin ich dann schlecht gelaunt, und das lasse ich ihn dann auch spüren.

Nennst du das Wertschätzung seiner Bedürfnisse?
Wenn du mich so fragst, wird mir klar, dass ich sein Bedürfnis gar nicht wertschätze. So schön ist es sicher auch nicht für ihn, wenn ich immer unzufrieden neben ihm sitze und ihm das Gefühl gebe, er sei schuld an meiner schlechten Stimmung. Er verlangt ja nicht, dass ich neben ihm sitze, sein Bedürfnis ist einfach die Ruhe und das Fernsehen, egal ob mit mir oder ohne mich.

Wäre es nicht sinnvoller, wenn du dich in dieser Zeit um deine eigenen Bedürfnisse kümmern würdest? Mit einer Freundin ins Kino gehen oder alleine zum Sport?
Auf diese Idee bin ich noch nicht gekommen. Klar, ich könnte das ja auch in einer Partnerschaft tun und nicht nur, wenn ich Single bin. Vielleicht bin ich dann viel zufriedener – und er auch.

Hat sich in der Vergangenheit schon einmal jemand dir gegenüber so verhalten, wie du es heute an deinem Freund kritisierst? Hat es dich damals schon gestört, und hast du es damals geklärt (= angesprochen)?
Meine Expartner waren alle so. Wir hatten einige unterschiedliche Interessen, und ich dachte, in einer guten Beziehung machen die Partner immer alles gemeinsam. Aber das ging nicht, und ich habe es nie gut klären können. Als Ausweg gab es immer nur die Trennung. Ich habe mich bisher auch noch nie gefragt, warum ich solche Männer in mein Leben ziehe. Auf die Idee, dass ich mich verändern muss, bin ich nie gekommen.

Hat sich in der Vergangenheit schon einmal jemand anders gegenüber einem anderen so verhalten, und hast du es miterlebt? Wenn ja, wie war das?
Meine Mutter hat sich gegenüber meinem Vater so verhalten. Sie hat sich immer um ihn bemüht und alles für ihn getan. Für sich selbst hatte sie gar keine Zeit. Ich glaube kaum, dass meine Mutter sich einmal Gedanken darüber gemacht hat, was für sie wichtig war. Aber ich

glaube auch, dass sie sehr zufrieden damit war. Sie hat sich immer gefreut, wenn sie Vater eine Freude machen konnte.

Jetzt verstehe ich: Ich habe einfach das Verhalten meiner Mutter unbewusst übernommen! »In Beziehungen ist man dafür zuständig, dass der Partner glücklich ist«, das ist ein Glaubenssatz von mir. Ich habe nie überprüft, ob er richtig ist.

Was erkennst du für dich?
Ich erkenne, dass ich das Verhalten meiner Mutter übernommen habe. Mein Partner zeigt mir mit seinem Verhalten, wie ich mich mir selbst gegenüber verhalte. Ich erkenne, dass ich mich für meine Bedürfnisse interessieren muss. Erst wenn ich mich selbst um meine Bedürfnisse kümmere, kann ich jemanden anziehen, dem auch meine Bedürfnisse wichtig sind.

Ich erkenne auch, dass ich die Bedürfnisse meines Partners nicht wirklich wertgeschätzt habe. Aber das war wohl auch gar nicht möglich, denn nur wenn ich meine Bedürfnisse befriedige, kann ich ihm von Herzen gestatten, dass er sich seine Bedürfnisse befriedigt.

Hinweis
Maria hat sich bisher immer selbst aufgegeben, sobald sie in eine Beziehung ging. Das machen viele Menschen so, Frauen wie Männer. In ihrer Verliebtheit haben sie nur Augen für den anderen und vernachlässigen oft Freunde oder lieb gewordene Angewohnheiten. Der je-

weilige Partner lernt sie so kennen, wie sie sich dann zeigen. Aber das ist nicht authentisch, denn aus der Verliebtheit heraus macht man am Anfang einer Beziehung zahlreiche Unternehmungen mit, die einem in Wirklichkeit gar nicht gefallen. Zum Beispiel mit dem Partner zum Bowlen gehen, ihn zu einem Fußballspiel begleiten, Trinkgelage durchaus fröhlich finden usw. Wenn ich aber in Wahrheit Bowlen, Fußball oder Trinkgelage nicht ausstehen kann, wird es früher oder später Konflikte geben. Wenn ich mich anders darstelle, als ich bin, egal ob bewusst oder unbewusst, spiele ich eine Rolle – und die Rolle kann mich nie erfüllen. Wenn ich dann zudem meine eigenen Interessen vernachlässige (so, wie im Beispiel Maria auf Kino, Sport usw. verzichtet, sobald sie in einer Beziehung ist), wertschätze ich mich selbst nicht. Als Folge werde ich immer unzufriedener und kann auch im Außen keine Wertschätzung mehr erfahren, weil das Außen mir immer meinen eigenen Zustand spiegelt. Aus diesem Grund ist es so wichtig, die eigenen Bedürfnisse zu kennen und sich selbst auch so wichtig zu nehmen, sich diese zu befriedigen.

2. Franz und seine Bedürfnisse in der Partnerschaft

Franz ist seit 15 Jahren verheiratet. Er liebt seine Frau und ist im Großen und Ganzen auch glücklich mit ihr. Aber es gibt da so ein paar Dinge, die ihn stören. Er fühlt sich oft sehr eingeengt und manchmal sogar bevormundet. Wenn er abends von der Arbeit nach Hause kommt, möchte er einfach nur entspannen. Den ganzen Tag über hat er so viel reden müssen, dass er abends am liebsten fernsieht, ein Buch liest oder einfach einmal schweigt. Seine Frau hat jedoch meistens für den Abend ein Programm geplant. Mit Freunden Gesellschaftsspiele spielen oder zum Tanzen gehen, Gäste einladen usw. Er wird gar nicht nach seiner Meinung gefragt, sie entscheidet das einfach für ihn. Er geht dann zwar mit, aber Lust dazu hat er in Wahrheit keine.

Worum genau geht es?
Bevor sie Verabredungen trifft, die mich mit einbeziehen, sollte sie mich fragen, ob ich überhaupt Lust dazu habe.

Tust du das auch – ungefragt Verabredungen treffen, die sie oder andere Personen mit einplanen?
Nein, das tue ich nie, weil ich weiß, wie schlecht sich das für mich anfühlt.

Hast du das in der Vergangenheit getan, mit ihr oder anderen?
Nein.

Würdest du das gerne tun?
Nein.

Tust du vielleicht genau das Gegenteil von dem, was du an deiner Frau kritisierst? Bist du zu extrem darin?

Du meinst, ob ich sie vielleicht gar nicht mit einbeziehe? Ja, das könnte sein, von mir kommt nicht viel, weil sie schon immer alles vorher ausgemacht hat. Da bleibt gar keine Zeit mehr übrig.

Hat sich in der Vergangenheit schon einmal jemand dir gegenüber so verhalten, wie du es heute an deiner Frau kritisierst? Hat es dich damals schon gestört, und hast du es damals geklärt?
Ja, meine Mutter war auch so. Ich wurde nie gefragt, ob ich in den Sportverein will oder zum Singen. Alles wurde für mich geplant. Und ja, es hat mich immer gestört, aber wenn ich etwas sagen wollte, sagte meine Mutter immer gleich, wie undankbar ich sei. Sie würde mir alles ermöglichen, und ich würde das nicht zu schätzen wissen. Sie selbst habe so etwas nie erleben dürfen. Dann habe ich immer geschwiegen und einfach alles mitgemacht. So war die Stimmung zu Hause besser. Ich mag meine Mutter schließlich und will keinen Streit mit ihr.

Hat sich in der Vergangenheit schon einmal jemand anders gegenüber einem anderen *so verhalten, und hast du es miterlebt?*
Da fällt mir wieder meine Mutter ein. Sie hat das auch mit meinem Vater so gemacht. Er wollte ebenfalls keinen Streit haben und hat deshalb auch nichts gesagt. Manchmal tat er mir richtig leid. Aber ich habe dazu nichts gesagt, genau wie mein Vater. Und heute sage ich nichts zu meiner Frau. Ja, mir wird eben bewusst, dass ich mit

meiner Frau noch nie darüber gesprochen habe. Vielleicht denkt sie ja, dass es mir so gefällt.

Was erkennst du für dich?
Ich erlebe dieses Problem mit meiner Frau, weil ich das Thema mit meiner Mutter nie geklärt habe. Damals fand ich keinen Weg, mich durchzusetzen, aber heute könnte ich das tun. Ich erkenne jetzt, wie wichtig es ist, mehr mit meiner Frau zu reden. Vielleicht weiß sie nichts von meinem Bedürfnis nach Ruhe, denn ich habe es nie ausgesprochen. Ich mache immer alles mit, aber ich sage nicht, dass ich in Wahrheit gar keine Lust zu den Unternehmungen habe. Stattdessen schaue ich grimmig und denke, dass sie dadurch doch merken muss, dass es mir nicht gefällt. Aber vielleicht denkt sie, dass meine grimmige Stimmung von meinem stressigen Tag kommt, und vielleicht will sie mich mit all den Verabredungen auf andere Gedanken bringen und mir den Abend verschönern.
Ich erkenne jetzt ganz klar, dass es meine Aufgabe ist, gesunde Grenzen zu setzen und insgesamt mehr über meine Bedürfnisse zu reden.

3. Elke und ihr jammernder Nachbar

Elke lebt in einem Mehrfamilienhaus. Im Erdgeschoss wohnt Herr Meier, der auch gleichzeitig der Hausmeister ist. Jeden Morgen begegnet sie ihm im Treppenhaus.

Er hält sich schon morgens früh dort auf und jammert ihr täglich etwas vor. Damit geht er ihr so richtig auf die Nerven. Sie hat schon daran gedacht, sich eine neue Wohnung zu suchen.

Worum genau geht es?
Er soll nicht so viel herumjammern.

Tust du das auch, anderen etwas vorjammern? Oder dir selbst?
Nein, das tue ich nicht.

Hast du das in der Vergangenheit getan?
Nein, auch nicht.

Tust du vielleicht genau das Gegenteil von dem, was du am anderen kritisierst, und bist du vielleicht zu extrem darin?
Wenn ich darüber nachdenke, fällt mir auf, dass ich nie jammere. Vielleicht bin ich wirklich zu extrem darin. Ich gestatte es mir nicht, zu jammern, denn davon wird meiner Meinung nach auch nichts besser. Es gibt so viel Gutes im Leben, und das muss man im Blick haben. Das würde ich auch am liebsten meinem Nachbarn sagen. Er hat eine gesunde Frau, Tochter und Enkeltochter, genügend Geld, und trotzdem ist er immer am Jammern! Soll er sich doch freuen, andere haben nicht so viel Glück wie er.

Würdest du gerne einmal jammern?
Nein, das bringt ja nichts.

Fragetechnik 1: Kritik

Hat sich in der Vergangenheit schon einmal jemand dir gegenüber *so verhalten, wie du es heute am anderen kritisierst? Wie hast du dich da verhalten?*
Ich kenne viele solcher Jammerlappen! Auch in meinem Freundeskreis gibt es solche Typen. Mit denen kann ich wirklich nichts anfangen, und die Kontakte brechen immer wieder ab. Das ist auch gut so, weil ich mich mit denen gar nicht abgeben möchte. Ich will lieber positive Menschen treffen.
Es reicht mir schon, wenn ich an meine Mutter denke. Die hat früher auch immer nur gejammert. Das habe ich gehasst! Ich komme von der Schule, und sie hängt depressiv in der Küche herum und jammert (und auf dem Tisch steht eine Flasche Schnaps). Und das ging jahrelang so. Ich wusste nie, was ich vorfinden würde, wenn ich heimkam. Das war wirklich schlimm für mich. Wie ich mich da verhalten habe? Ich habe sie getröstet, gesagt, dass es doch so viel Schönes in ihrem Leben gebe. Ich wollte, dass sie gute Laune hat. Ich habe auch alles im Haushalt erledigt und mich um sie gekümmert. Irgendwie waren die Rollen vertauscht, sie war in der Rolle des Kindes und ich in der Rolle der Mutter.

Hat sich in der Vergangenheit schon einmal jemand anders gegenüber einem anderen *so verhalten, und hast du es miterlebt? Wenn ja, wie war das?*
Meine Mutter hat auch gegenüber meinem Vater herumgejammert, aber der hat darauf nicht reagiert. Er ist ein-

fach immer gegangen und hat mich mit meiner Mutter alleingelassen. Wenn ich das heute so betrachte, dann wird mir bewusst, wie schwer es für mich als Kind war. Wie hilflos ich oft war und wie stark ich dennoch sein musste.

Was erkennst du für dich?
Dass ich viel zu wenig gejammert habe. Ich habe immer alles geschluckt, ich wollte so gerne eine heile Welt. Ich habe mich nie darüber beklagt, dass meine Eltern so wenig für mich da waren. Nie beklagt, dass sie sich so wenig Gedanken um mich gemacht haben und darüber, wie es mir geht. Nicht beklagt, dass sie sich nicht um meine Hausaufgaben gekümmert haben und dass ich keine Freunde mit heimbringen konnte, weil ich mich so geschämt habe, wenn meine Mutter wieder betrunken war. Ich habe mich auch nicht beklagt, dass meine Mutter nicht für mich gekocht hatte, wenn ich von der Schule kam. Ich könnte jetzt jammern ohne Ende! Ja, der Hausmeister und auch Freunde spiegeln mir diesen Teil von mir. Der Teil in mir, der viel Grund zum Jammern gehabt hätte, aber den ich nie habe zur Sprache kommen lassen. Und nicht nur das, ich hatte diesen Teil gar nicht mehr in mir wahrgenommen. Einerseits ist es schwer für mich, dies anzunehmen, aber andererseits fühle ich nun eine große Befreiung in mir, und ich weiß, dass ich durch diese Erkenntnis eine große Chance habe, diesen Teil in mir zu heilen.

Kommentar
Es gibt einen großen Unterschied zwischen positivem Denken und positivem Sein. Ein positiver Mensch braucht nicht mehr positiv zu denken, er ist es einfach. Wenn es mir schlecht geht, dann denke ich einfach an etwas Positives, und schon geht es mir wieder besser. Das war auch die Taktik von Elke. Wenn es funktioniert, ist es gut, aber war Elke wirklich so positiv eingestellt? Wohl eher nicht, denn wenn jemand wirklich positiv ist, dann kann er es auch gut aushalten, wenn es einem anderen nicht gut geht und er deshalb jammert. Wer positiv ist, fordert nicht sogleich ein, dass auch andere positiv sind.

Elke wollte das Jammern der anderen nicht hören, sie wollte jedem gleich aufzeigen, wie viel Grund er oder sie zum Glücklichsein hat. Sie hatte die negativen Gefühle und Gedanken in sich verdrängt und wollte das auch mit den negativen Gedanken und Gefühlen tun, die von außen auf sie zukamen. Das Gesetz der Spiegelung wirkt aber immer.

Die jammernden Menschen in Elkes Umgebung zeigten ihr den jammernden Teil in ihr, der ihr nicht bewusst war. Hätte sie die Wohnung gewechselt, um dadurch dem jammernden Nachbarn zu entgehen, dann wäre eben ein anderer Mensch in ihre Nähe gekommen, der diese Rolle übernommen hätte.

Erst wenn Elke das Jammern in sich wertschätzen und alle damit verbundenen Gefühle (z. B. Trauer, Wut, Angst, Bedauern usw.), anerkennen kann, dann kann sie sich von ihrer jetzigen Reaktion auf jammernde Menschen befreien. Entweder trifft sie dann keine jammernden Menschen mehr, oder es stört sie nicht mehr, wenn sie welche trifft. Sie kann dann ganz anders auf sie reagieren.

4. Werner und der fordernde Bankkunde

Werner arbeitet in einer Bank. Er ärgert sich immer öfter über einen bestimmten Kunden, der zwar eigentlich Homebanking anwendet, jedoch immer wieder in der Bank steht – und dann Werner bittet, für ihn Überweisungen direkt in den Computer einzugeben. Homebanking ist kostenfrei, das Einreichen von schriftlichen Überweisungen, die dann in der Folge an die Hauptstelle geschickt und am nächsten Tag von Bankangestellten in den PC eingegeben werden, wird in Werners Bank mit 0,80 € berechnet. Wenn jedoch Werner für einen Kunden am Schalter direkt etwas eingibt, so wird das nicht in Rechnung gestellt. Je nach Arbeitsaufwand ist es Werner und seinen Kollegen aber gar nicht möglich, für Kunden am Schalter mehrere Überweisungen in den PC einzugeben. Besagter Kunde steht nun regelmäßig in der Bank und fragt Werner, ob er ihm seine Überweisungen in den PC eingeben könne. Das können dann auch gut und gerne zehn Stück sein. Bei zwei oder drei Überweisungen willigt Werner noch ein, aber bei mehr lehnt er höflich ab. Daraufhin sagt der Kunde: »Dann gehe ich eben in eine andere Geschäftsstelle, die machen das schon für mich.«

Fragetechnik 1: Kritik

Diese fordernde Haltung ärgert Werner, und er wünscht sich, dass seine Kollegen in der anderen Geschäftsstelle die Forderung des Kunden ebenfalls ablehnen.

Worum genau geht es?
Der Kunde sollte nicht so fordernd sein.

Bist du auch zu fordernd? Bei ihm, bei jemand anderem oder bei dir selbst?
Nein, das glaube ich nicht.

Warst du es in der Vergangenheit?
Nein, eher nicht.

Tust du vielleicht genau das Gegenteil von dem, was du am Kunden kritisierst, und bist du vielleicht zu extrem darin?
Ja, ich bin viel zu nachgiebig und fordere viel zu wenig.

Würdest du gerne mehr fordern können?
Es fällt mir eher schwer, zu fordern, aber ja, ich würde gerne mehr fordern können.

Hat sich in der Vergangenheit schon einmal jemand dir gegenüber so fordernd verhalten, wie du es heute am anderen kritisierst? Hat es dich damals schon gestört, und hast du es damals geklärt?
Ja, es gab schon einmal so einen Kunden, dem ich viel Service bot. Für ihn erbrachte ich viele Serviceleistungen in der Hoffnung, er würde seine Geldanlagen dann auch

über mich abwickeln. Das tat er jedoch nicht. Er ließ sich von mir bedienen, aber die Geldanlage schloss er bei jemand anderem ab. Das traf mich tief, und ich verweigerte ihm anschließend den Service, ohne mit ihm über meinen Ärger zu sprechen. Geklärt habe ich es folglich nicht. Jetzt erkenne ich, dass ich an mein Verhalten, ihm einen guten Service zu bieten, eine Erwartung knüpfte. Da ich das nie zur Sprache brachte, war es dem Kunden vermutlich nicht klar.

Hat sich in der Vergangenheit schon einmal jemand anders gegenüber einem anderen *so verhalten, und hast du es miterlebt? Wenn ja, wie war das?*
Als ich noch in einer anderen Filiale tätig war, erlebte ich auch ab und zu, dass ein Kunde sich ständig Überweisungen vom Bankpersonal ausfüllen ließ. Damals war es vom Vorstand nicht gewünscht, dass das Bankpersonal diese Leistung für Kunden regelmäßig ausführt, weil dies nicht zu unseren Aufgaben gehörte und unsere Arbeitszeit nicht dafür bemessen war. Nachdem ein Bankmitarbeiter dem Kunden das erklärt hatte, beschwerte dieser sich beim Vorstand. Der Vorstand stand nicht hinter dem Mitarbeiter, denn anstatt zur Anweisung zu stehen, gab der Vorstand den Auftrag, bei diesem Kunden eine Ausnahme zu machen. Damit hatte der Mitarbeiter den »Schwarzen Peter«.

Was erkennst du für dich?
Ich erkenne, dass guter Service und Produktverkauf zwei getrennte Vorgänge sind und ich das nicht in Form von Erwartungen vermischen darf. Ich erkenne weiterhin, dass ich Angst habe, der Kunde könnte sich beim Vorstand und auch bei den Kollegen in anderen Filialen über mich beschweren. Mir fällt auf, dass ich gar nicht weiß, wie der neue Vorstand diesen Sachverhalt beurteilen würde und wie ich mich verhalten soll. Was darf ich vom Kunden fordern? Mir wird klar, dass es meine Aufgabe ist, mich diesbezüglich zu informieren, damit ich mit einem guten Gefühl einem Kunden gegenüber klare Grenzen setzen kann. Ich muss vom Vorstand einfordern, dass hier eine klare Arbeitsanweisung ausgesprochen wird. Dieser eine Kunde spiegelt mir deutlich, dass ich mehr fordern muss! Möglicherweise auch in meinem Privatleben.

5. Kathrins empfindliches Umgehen mit Kritik

Kathrin hat ein Problem mit ihrem Chef. Von Kollegen hat sie erfahren, dass ihr Chef ihre Arbeit schon ein paar Mal hinter ihrem Rücken bei ihren Kollegen kritisiert hat. Mit ihr hat er darüber nie gesprochen. Das findet sie nicht gut. Wenn ihm etwas nicht gefällt, soll er ihr das persönlich sagen. Sie fühlt sich zunehmend verunsichert und überlegt ständig, ob ihm ihre aktuellen

Arbeitsergebnisse wohl passen oder ob es immer noch etwas daran auszusetzen gibt. Da sie diesbezüglich kein Feedback von ihm bekommt, fragt sie andere, was diese dazu meinen.

Worum genau geht es?
Er soll es mir direkt sagen, wenn ihm etwas nicht passt.

Tust du das auch? Sagst du es ihm oder anderen immer direkt, wenn dir etwas nicht passt?
Ja, das glaube ich wenigstens.

Du kritisierst doch jetzt etwas an ihm, hast du ihm das schon direkt gesagt?
Nein, das geht nicht, denn er hat nie Zeit, und überhaupt kann man mit ihm nicht reden, er ist immer so kurz angebunden!

Aber du redest mit anderen darüber, und somit machst du das Gleiche wie er.
Stimmt, jetzt fällt mir das auch auf.

Hast du das in der Vergangenheit getan?
Es fällt mir immer schwer, Konfliktgespräche zu führen. Ich rede dann meistens mit anderen über mein Problem. Direkt mit der betreffenden Person zu reden, das traue ich mich oft nicht.

Tust oder denkst du vielleicht genau das Gegenteil von dem, was du am anderen kritisierst? Bist du vielleicht zu extrem darin?
Nein, wie ich jetzt festgestellt habe, handle ich wie mein Chef.

Würdest du das gerne tun, es anderen direkt sagen können, wenn dir etwas nicht passt?
Ja.

Hat sich in der Vergangenheit schon einmal jemand dir gegenüber so verhalten, wie du es heute am anderen kritisierst?
Nein, da fällt mir jetzt nichts ein.

Hat sich in der Vergangenheit schon einmal jemand anders gegenüber einem anderen so verhalten, und hast du es miterlebt?
Da fällt mir meine Mutter ein. Sie hat sich auch immer bei mir über Papa beschwert, aber direkt zu ihm hat sie nie etwas gesagt. Komisch, das hat mich immer gestört, und jetzt mache ich im Prinzip das Gleiche.

Was erkennst du für dich?
Mir ist klar geworden, dass ich genauso handle wie mein Chef. Ich frage mich, warum es mir so schwerfällt, mit ihm zu reden, denn wahrscheinlich sind meine Aussagen wie »er ist immer im Stress«, »mit ihm kann man nicht reden« usw. nur Ausreden. Ich will am liebsten immer perfekt sein und alles richtig machen. In Wahrheit brauche ich seine Anerkennung und habe Angst vor Ableh-

nung. Mit dem Gefühl, dass ich Fehler mache, kann ich ganz schwer umgehen – übrigens auch mit Ablehnung. Wenn ich mich kritisiert fühle, reagiere ich meistens ganz kühl und unnahbar. In Wirklichkeit trifft es mich hart, aber ich kann das dann nicht zeigen. Ob er vielleicht Angst vor meiner Reaktion hat? Vielleicht weiß er nicht, wie er es mir sagen kann, ohne dass ich mit Abwehr reagiere. Vielleicht ist er einfach nur hilflos und hat Angst, mir wehzutun. Diesen Gedanken hatte ich vorher noch nie. Ich weiß jetzt, dass ich mit ihm reden und meinen Konflikt direkt mit ihm klären muss. Ja, das fühlt sich gut an. Und dann muss ich mir noch überlegen, wie ich meine Themen »Perfektionismus« und »Angst vor Ablehnung« angehe. Vielleicht ist es für mich sinnvoll, diesbezüglich Therapiestunden zu nehmen. Ja, das mache ich, denn das ist jetzt sehr wichtig für mich.

6. Die langsam arbeitende Kollegin

Petra ärgert sich den ganzen Tag über ihre neue Kollegin: »Die arbeitet so langsam und macht so viele Fehler, das nervt mich. Ich helfe ihr dann ständig und korrigiere ihre Fehler. Dabei habe ich selbst genug zu tun. Es ist nur noch stressig für mich.«

Worum genau geht es?
Meine Kollegin sollte nicht so langsam und fehlerhaft arbeiten.

Tust du das auch? Hast du eine ähnliche Arbeitsweise wie sie?
Nein, so bin ich nicht.

Hast du in der Vergangenheit so gearbeitet? Dir oder anderen gegenüber?
Nein, so war ich nie.

Tust du vielleicht genau das Gegenteil von dem, was du am anderen kritisierst, und bist vielleicht zu extrem darin?
Das kommt eher hin. Ich arbeite sehr flott und mache keine Fehler. Wenn ich wirklich einmal Fehler mache, korrigiere ich sie sehr schnell. Ich fühle mich bei der Arbeit auch immer gestresst. Etwas mit Ruhe zu erledigen, das kenne ich gar nicht.

Wärst du gerne mal so? Würdest du gerne öfter etwas langsamer arbeiten und auch vielleicht Fehler machen dürfen, ohne dass du selbst oder andere dich dafür kritisieren?
Ja, das wäre schön.

Hat sich in der Vergangenheit schon einmal jemand dir gegenüber so verhalten, wie du es heute am anderen kritisierst? Hat es dich damals schon gestört, und hast du es damals geklärt (= angesprochen)?
Mein Chef war und ist sogar heute noch so. Er ist total chaotisch und auch so langsam und umständlich in seiner Arbeitsweise. Anfangs habe ich mich nicht nur über ihn geärgert, sondern auch noch seinen Schreibtisch aufgeräumt und seine Arbeiten für ihn erledigt. Irgend-

wann hatte ich keine Lust mehr dazu und ließ es sein. Er ist eben so. Geredet habe ich mit ihm darüber nicht, denn er ist mein Chef, und ich kann ihm schlecht sagen, dass er seine Arbeitsweise ändern soll. Das steht mir nicht zu. Ich war in der Vergangenheit einfach schon stolz darauf, dass ich es geschafft habe, seine Arbeiten nicht mehr für ihn zu erledigen.

Hat sich in der Vergangenheit schon einmal jemand anders gegenüber einem anderen so verhalten, und hast du es miterlebt?
Da fällt mir nichts ein.

Was erkennst du für dich?
Wenn ich mir das jetzt so ansehe, kommt mir zum ersten Mal der Gedanke, dass es gar nicht darum geht, meiner Kollegin zu helfen. Vielleicht spiegelt sie mir, dass ich meine Arbeitsweise ändern sollte, z. B. dass ich ruhig etwas langsamer arbeiten und entspannter an die Aufgaben herangehen darf, nicht so perfektionistisch zu sein brauche. Weil ich das durch meinem Chef nicht erkannt habe, habe ich diese Kollegin angezogen. Jetzt habe ich es verstanden. Jeder hat sein Aufgabengebiet, und jeder ist für seinen Aufgabenbereich verantwortlich. Es ist nicht meine Aufgabe, ihre Arbeit zu erledigen und ihre Fehler zu korrigieren. Ich stehe ihr gerne mit meinem Wissen zur Seite, aber mit ihrer Arbeit muss sie selbst zurechtkommen. Ich bin aufgefordert, etwas langsamer an alle Aufgaben heranzugehen. So weit ich zurückden-

ken kann, arbeite ich schon so angestrengt, ich war als Kind schon so. Jetzt hoffe ich sehr, dass ich mich diesbezüglich verändern kann. Vielleicht schaffe ich es nicht alleine, dann hole ich mir eben Unterstützung. Ich will mich jetzt ändern!

7. Geiz und Verschwendung

Ina ärgert sich über ihren Mann. Sie bezeichnet ihn als absolut geizig. Jeden Cent dreht er x-mal um, er gönnt sich gar nichts und investiert alles in die Altersvorsorge. Ina ist Hausfrau und hat kein eigenes Einkommen. Sie kümmert sich auch nicht um Geldangelegenheiten, das überlässt sie ihrem Mann.

Worum genau geht es?
Er sollte mehr in der Gegenwart leben und nicht so geizig sein.

Bist du das auch?
Nein, ich bin immer großzügig und lebe im Jetzt.

Warst du in der Vergangenheit so?
Nein, ich war immer großzügig und habe mich nie um die Zukunft gesorgt.

Tust du vielleicht genau das Gegenteil von dem, was du am anderen kritisierst, und bist du vielleicht zu extrem darin?

Ich denke so nicht über mich, aber mein Mann sagt, ich sei sehr verschwenderisch und völlig realitätsfremd. Er sagt, ich hätte gar keine Ahnung von Geldverdienen, Altersvorsorge usw. Da stimme ich zu, und es interessiert mich auch gar nicht. Schließlich bin ich eine Frau, und ich denke, dass das Geldverdienen die Aufgabe vom Mann ist.

Wärst du gerne einmal so wie er?
Nein.

Hat sich in der Vergangenheit schon einmal jemand dir gegenüber so verhalten, wie du es heute am anderen kritisierst? Hat es dich damals schon gestört, und hast du es damals geklärt (= angesprochen)?
Ja, mein Vater war auch immer so geizig, meine Mutter war da Gott sei Dank anders. Von ihr habe ich immer alles bekommen, von ihm nicht. Darum habe ich mit meinem Vater auch nie viel über Geld geredet und bin immer gleich zu meiner Mutter gegangen, wenn ich etwas brauchte.

Hat sich in der Vergangenheit schon einmal jemand anders gegenüber einem anderen so verhalten, und hast du es miterlebt? Wenn ja, wie war das?
Wie schon gesagt war es bei meinen Eltern so. Mein Vater war so, wie mein Mann heute ist, und meine Mutter wie ich. Da gab es dann auch oft Streit ums Thema Geld. Irgendwann ließen die beiden sich deswegen sogar schei-

den. Mein Vater hat heute eine neue Frau, die zwei haben ein schönes Haus, und es geht ihnen finanziell richtig gut. Die neue Frau von ihm arbeitet auch, dadurch haben sie es natürlich leichter.

Meiner Mutter geht es heute finanziell nicht gut. Die ersten Jahre hat sie zwar von der Abfindung aus der Scheidung gut gelebt, aber inzwischen ist nichts mehr davon übrig, und jetzt ist sie vom Sozialamt abhängig. Sie hatte keine Ahnung, wie man mit Geld vernünftig wirtschaftet und es sinnvoll anlegt. Eine Arbeit hat sie bislang auch nicht gefunden, aber ich glaube, dass sie auch keine Lust zum Arbeiten hat. Sie sagt, der Staat zahle ja und es lohne sich nicht, arbeiten zu gehen, da hätte sie kaum mehr als jetzt. Vielleicht wäre es besser gewesen, wenn sie sich ein bisschen mehr mit den Themen »Geld« und »Vorsorge« beschäftigt hätte.

Was erkennst du für dich?
Mir wird klar, dass mein Mann gar nicht so unrecht damit hat, wenn er mich als verschwenderisch und realitätsfremd bezeichnet. Ich nehme immer nur und sehe das als selbstverständlich an. Wie es ist, selbst Geld zu verdienen, davon habe ich gar keine Ahnung. Vom Elternhaus bin ich gleich in die Ehe hineingegangen. Es war immer jemand da, der für mich gesorgt hat. Irgendwie sind wir, mein Mann und ich, wohl beide extrem in unserem Denken und Verhalten, und das spiegeln wir uns. Es könnte eine gute Lösung sein, wenn mein Mann und ich uns in der Mitte träfen. Ich müsste lernen, et-

was verantwortungsvoller mit Geld umzugehen, vielleicht auch einmal eigenes Geld verdienen und mir ein paar mehr Gedanken um die Altersvorsorge machen. Er dürfte in Sachen Geld etwas großzügiger und in Sachen Zukunft etwas zuversichtlicher werden. Ich liebe ihn und würde nicht wollen, dass es bei uns so endet wie bei meinen Eltern! Ich sehe ganz klar, dass wir an uns arbeiten müssen.

8. Unerlaubtes Benutzen von Parfüm

Eine Freundin von mir ist beruflich im Bereich Kosmetik tätig und besitzt sehr viele Parfümflaschen, die vorwiegend im Bad stehen. Einmal trafen wir uns, und sie beschwerte sich bei mir über eine ihrer Freundinnen. Sie störte sich sehr daran, dass diese Freundin ungefragt ihre teuersten Parfüms ausprobiert hatte. Ihr Bad habe über und über nach ihren Parfüms gerochen, nachdem die Freundin das Bad benutzt habe. Das fand sie hochgradig unverschämt. Das mache man doch nicht. Sie würde so etwas nie tun.

Worum genau geht es?
Meine Freundin sollte nicht ungefragt meine Parfüms benutzen.

Tust du das auch?
Nein.

Hast du das in der Vergangenheit getan?
Nein, nie.

Tust oder denkst du vielleicht genau das Gegenteil von dem, was du am anderen kritisierst? Bist vielleicht zu extrem darin?
Nein.

Würdest du das gerne auch mal tun bei jemand anderem?
Nein.

Hat sich in der Vergangenheit schon einmal jemand dir gegenüber so verhalten, wie du es heute am anderen kritisierst?
Nein.

Hat sich in der Vergangenheit schon einmal jemand anders gegenüber einem anderen *so verhalten, und hast du es miterlebt?*
Nein.

Weil nichts davon passt: Kann es sich um eine übertragene Botschaft handeln? (Finde hier die Essenz dessen, worum es geht.)
Nein, ich finde keine.

Was erkennst du für dich?
Die Spiegeltechnik funktioniert nicht immer.

Späte Erkenntnis
Ein paar Wochen später war meine Freundin bei mir zu Besuch. Irgendwann benutzte sie mein Bad. Als ich etwa

20 Minuten später in mein Bad ging, schlug mir eine Duftwolke meines besten Parfüms entgegen. Das fand ich aus einem Grund sehr gut: Endlich konnte ich ihr nachweisen, dass die Spiegeltechnik doch funktioniert! Sie tat das Gleiche wie ihre Freundin, jedoch war sie sich dessen nicht bewusst gewesen.

An diesem Beispiel sieht man, wie wichtig es manchmal ist, sich eine andere Sichtweise zum eigenen Verhalten einzuholen.

9. Tamaras angepasstes Verhalten

Tamara hat einen Bekannten, der sich an keine Regel hält. Es scheint ihm sogar Spaß zu machen, alle Regeln zu brechen. Wenn sie mit ihm zusammen ist, findet sie sein Verhalten sehr peinlich. Sie kann dann nicht entspannt bleiben. Im Stau fährt er einfach auf die Standspur und fährt wie selbstverständlich bis zum Stauende auf dieser Spur. In Berlin muss er jedes Mal mit seinem Auto durchs Brandenburger Tor fahren. Er fährt auch grundsätzlich mit dem Auto durch Fußgängerzonen. Wenn er sich in einem Lokal den Salat vom Büffet bestellt, bei dem man seinen Teller einmal randvoll füllen kann und einmal dafür zahlt, nimmt er sich jedes Mal nur ganz wenig Salat, geht jedoch vier Mal zum Büffet. Es geht ihm dabei nicht darum, dass er es nicht zahlen würde, wenn es einmal jemand bemerken würde (seltsamerweise bemerkt das keiner außer ihr), es geht ihm einfach darum, sich an keine Anweisung zu halten. Schon beim Erzählen regt sich Tamara sehr auf, und sie will nun unbedingt herausfinden, warum sein Verhalten sie so stört.

Worum genau geht es?
Er sollte nicht jede Regel ignorieren.

Tust du das?
Nein, ich beachte Regeln.

Hast du das in der Vergangenheit getan? Dir oder anderen gegenüber?
Mir fallen viele Situationen ein, in denen ich das nicht getan habe. In meiner Jugendzeit, gerade während der Pubertät, war ich nicht ganz so angepasst, sondern eher rebellisch.

Tust oder denkst du vielleicht genau das Gegenteil von dem, was du am anderen kritisierst? Bist du vielleicht zu extrem darin?
Ja, ich glaube schon. Diesen Gedanken hatte ich schon. Immer wenn ich mit besagtem Typ gemeinsam unterwegs bin, frage ich mich, warum ich das, was ich dann erlebe, so erlebe, wie ich es erlebe, und was das mit mir zu tun hat. Dabei habe ich herausgefunden, dass ich Regeln zu stark befolge und viel zu angepasst bin. Wenn ich allerdings Regeln ignoriere, bekomme ich sofort ein ungutes Gefühl, ich fühle mich irgendwie schuldig und frage mich, wo die Polizei bleibt, um mich zu verhaften.

Ich glaube, wir sind beide zu extrem. Um in dieser Welt mit anderen gut auskommen zu können, bedarf es gewisser Regeln, sonst gäbe es ein großes Chaos. Wenn es jedoch zu viele Regeln gibt, dann geht jede Lebendigkeit verloren. Ein Mittelding wäre ideal. Ich habe auch an mir beobachtet, dass ich ihn vorwiegend in den Zeiten kritisiere, in denen ich mich wieder viel zu angepasst verhalte. Wenn ich dann mein Verhalten ändere, stört mich seines schon gar nicht mehr. Aber ich fühle mich unwohl, wenn ich Regeln missachte. Woher das kommt, werde ich auch noch erforschen – und erlösen.

Würdest du gerne einmal Regeln mit gutem Gefühl ignorieren können?
Mit einem guten Gefühl gerne.

Hat sich in der Vergangenheit schon einmal jemand dir gegenüber so verhalten, wie du es heute am anderen kritisierst? Hat es dich damals schon gestört, und hast du es damals geklärt (= angesprochen)?
Nein, ich kann mich an niemand erinnern, der so war. In der Schulklasse gab es zwar immer ein paar Jungs oder Mädels, die gegen Regeln verstießen, aber damals hat es mich nicht gestört. Irgendwie war ich wohl gar nicht so anders. Jetzt fallen mir wieder viele Situationen ein, in denen ich von Lehrern gemaßregelt wurde und als Strafe Gedichte oder Schulordnungen auswendig lernen musste. Auch von meinen Eltern oder anderen Familienmitgliedern wurde ich oft gemaßregelt. Es gab also viele

Menschen in meinem Leben, die klare Vorstellungen davon hatten, wie ich zu sein hatte.

Jetzt fällt mir wieder ein ganz spezieller Lehrer ein. Er fand mich alles andere als sympathisch. Heute ist mir ganz klar, warum, denn ich war einfach zu rebellisch. Er liebte die angepassten Kinder. Ich zog immer den Kürzeren, denn er hatte die Macht. Ich glaube, dass ich irgendwann zu rebellieren aufgehört und mich einfach nur angepasst habe. Ja, das erkenne ich jetzt und werde traurig dadurch.
Eines Tages lud er meine Eltern zu einem Gespräch. Ich war mit dabei, und es war gar nicht schön. Er hat sich ohne Ende über mich beschwert. In Wahrheit handelte es sich um Kleinigkeiten, wie zum Beispiel ab und zu zum Kiosk zu gehen oder aus anderen Gründen für kurze Zeit unerlaubt den Schulhof zu verlassen. Ich hatte keinem wehgetan, ich hatte keinen beklaut oder auf sonstige Art irgendjemanden geschädigt, aber der Typ stellte mich hin wie eine Schwerverbrecherin. Wenn ich mir das jetzt so überlege, macht mich das richtig wütend.

Meine Eltern hörten einfach nur zu, sie verteidigten mich nicht. Das macht mich jetzt auch wütend, damals spürte ich das gar nicht. Damals war ich ganz klein vor Angst, weil meine Eltern zum Gespräch zitiert worden waren. Nach dem Gespräch sagten mir meine Eltern zwar, dass ich mir nichts daraus machen solle, aber heute glaube ich, dass ich damals total enttäuscht darüber war, dass sie nicht für mich einstanden. Vielleicht fing ich damals an, mich anzupassen.

Hat sich in der Vergangenheit schon einmal jemand anders gegenüber einem anderen *so verhalten, und hast du es miterlebt?*
Dazu fällt mir nichts ein.

Was erkennst du für dich?
Mein Bekannter, der sich nicht an Regeln hält, spiegelt mir einen Teil meiner selbst, nämlich den Teil, der sich auch nicht an Regeln halten möchte. Dieser Teil in mir will viel freier und selbstbestimmter leben. Diesen Teil habe ich ignoriert, und eine Ursache dafür sind meine Erlebnisse in der Schulzeit. Ich bin schon gespannt, wie das nächste Treffen mit meinem unangepassten Bekannten verlaufen wird. An meiner Reaktion werde ich dann erkennen können, ob sich durch meine Erkenntnis etwas verändert hat und wenn ja, was. Wenn ich ihn gut ertragen kann, dann ist mein Thema erlöst. Wenn ich ihn immer noch kritisiere, dann werde ich die Spiegeltechnik einfach noch einmal anwenden.

10. Die Oma kann die Verwirklichung des Traums ihrer Enkelin nicht unterstützen

Sonja ist 16 Jahre alt und absolviert das Abschlussjahr der Realschule. Ihr Wunsch ist es, Pferdewirtin zu werden, und derzeit ist sie auf der Suche nach einer Ausbildungsmöglichkeit. Vor Ort gibt es jedoch keine Ausbildungsplätze. Sonja müsste umziehen, und das würde eine große finanzielle Belastung darstellen, weil sowohl eine eigene Wohnung als auch die Lebenshaltung finanziert werden müssten, wofür das Lehrlingsgehalt nicht ausreichen würde.

Sonjas Mutter Evelyn ist alleinerziehend und daher finanziell nicht besonders gut gestellt, aber sie unterstützt Sonja in ihren Plänen. Sonjas Oma kann das überhaupt nicht verstehen und regt sich sowohl über Sonja als auch über Evelyn auf. Sie sagt: »Das Kind sollte sich hier vor Ort einen Arbeitsplatz suchen und Geld verdienen. Die Jugend von heute hat nur Flausen im Kopf. Pferdewirtin, wofür soll das gut sein? Da bekommt sie später nie eine Arbeit, das ist doch nur Träumerei!«

Worum genau geht es?
Sonja sollte ihren Traumjob aufgeben und sich vor Ort einen Ausbildungsplatz suchen und Geld verdienen. Evelyn sollte die Träume von Sonja nicht unterstützen.

Hast du auch einen Traumjob?
Nein, ich bin Rentnerin.

Wie war das in der Vergangenheit? Hast du gearbeitet? War es dein Traumjob?
Ich habe als Kellnerin gearbeitet. Nein, ein Traumjob war das nicht, aber ich habe gutes Geld verdient.

Bist oder warst du vielleicht genau das Gegenteil von dem, was du am anderen kritisierst? Bist du vielleicht zu extrem darin?
Ich war immer sehr pflichtbewusst. Ich habe schon sehr früh Geld verdient und mich immer nützlich gemacht. Zu extrem? Auf meine Wünsche habe ich nie achten können. Ist das extrem?

Gab es denn damals in Gedanken so etwas wie einen Traumjob für dich?
Ja, ich wäre gerne Sekretärin geworden. Aber das ging nicht. Meine Eltern hatten wenig Geld, und ich musste gleich nach dem Schulabgang anfangen zu arbeiten. So kam ich zu einem Kellnerjob bei uns im Dorf. Später heiratete ich. Ab dann war ich Hausfrau und Mutter. Mein Mann und ich haben fünf Kinder großgezogen, da blieb keine Zeit, über Traumjobs nachzudenken. Unterstützt hat mich nie jemand in dieser Hinsicht, leider. Ich merke gerade, dass ich mir Unterstützung gewünscht hätte. Vielleicht bin ich nur neidisch auf meine Enkelin.

Hat sich in der Vergangenheit schon einmal jemand dir gegenüber so verhalten, wie du es heute am anderen kritisierst?
Ja, meine Eltern haben immer gesagt, »Träume sind Schäume« und ich solle realistisch sein. Jetzt erst fällt mir auf, dass ich heute genauso handle.

Hat sich in der Vergangenheit schon einmal jemand anders gegenüber einem anderen so verhalten, und hast du es miterlebt?

Meine ältere Schwester wollte früher gerne Ärztin werden. Aber mein Vater sagte ihr, dass das nicht möglich sei. Sie müsse arbeiten, denn Geld für ein Studium sei nicht da. Als ich das mitbekam, habe ich mich nicht mehr getraut, meinen Vater um Unterstützung zu bitten. Von sich aus bot er mir keine Unterstützung an.

Was erkennst du für dich?
Ich bin eifersüchtig auf meine Enkelin, weil sie von ihrer Mutter Unterstützung bekommt. Das hätte ich mir früher auch gewünscht. Ich erkenne, dass ich meinen Traum verdrängt habe und es deshalb nicht ertragen kann, dass meine Enkelin versucht, ihren Traum zu realisieren. Eigentlich sollte ich auf sie und auch auf meine Tochter stolz sein! Jetzt werde ich sie unterstützen.

Zusätzlicher Hinweis
In diesem Fall reagierte die Oma unbewusst mit Widerstand gegen die Pläne ihrer Enkelin. Das muss nicht immer so sein, denn es gibt stets zwei Pole einer Sache, also auch stets zwei gegensätzliche Verhaltensmöglichkeiten. Das eine Extrem ist die vollständige Bekämpfung dessen, was sich zeigt, und das andere Extrem das genaue Gegenteil, in diesem Beispiel die maßlose Unterstützung. Beide Extreme sind nicht hilfreich. Auch hier ist der Mittelweg der gesunde Weg.

11. Barbara und das nervige Kind der Nachbarin

In Barbaras Nachbarschaft ist eine alleinerziehende Mutter mit Kind eingezogen. Barbara findet das Kind sehr nervenaufreibend. Sobald Barbara draußen ist, kommt das Kind zu ihr herübergerannt und bombardiert sie mit Fragen und Geschichten. Barbara ärgert sich darüber, weil sie in Ruhe gelassen werden will. Sie hat inzwischen die Kindesmutter darauf angesprochen, dass diese dafür sorgen soll, dass das Kind sie nicht ständig belästigt.

Worum genau geht es?
Das Kind soll mich in Ruhe lassen und mich nicht mit seinen Fragen und Geschichten belästigen.

Tust du das auch?
Nein, ich nerve andere nicht so.

Hast du das in der Vergangenheit getan?
Nein, denn mein Papa wollte immer seine Ruhe haben. Meine Mama sagte immer zu meinem Bruder und mir, dass wir beide schön leise sein sollen. Oh, ich verhalte mich ja genauso wie mein Vater!

Tust du vielleicht genau das Gegenteil von dem, was du kritisierst?
Ja, in Gegenwart meines Papas bin ich heute immer noch so leise, wie meine Mama es mir beibrachte. Bei anderen

nicht, aber bei meinem Papa schon. Das fällt mir eben erst auf.

Würdest du gerne so sein?
Ich glaube, als Kind wäre ich gerne lebhafter gewesen. Ich hätte meinem Vater auch gerne mehr erzählt und ihm Fragen gestellt. Heute habe ich mich daran gewöhnt und vermisse eigentlich nichts.

Hat sich in der Vergangenheit schon einmal jemand dir gegenüber so verhalten, wie du es heute am anderen kritisierst?
Nein.

Hat sich in der Vergangenheit schon einmal jemand anders gegenüber einem anderen so verhalten, und hast du es miterlebt?
Nein.

Was erkennst du für dich?
Ich erkenne, dass das Kind der Nachbarin mir einen Teil meines inneren Kindes spiegelt, nämlich den Teil in mir, der sich immer zurückgenommen hat, um vom Vater geliebt zu werden. Ich finde das Kind der Nachbarin nervig, weil es etwas auslebt, was ich mir nicht zu leben gestattet habe. Eigentlich ist es doch wunderschön, wenn ein Kind an mir interessiert ist und meine Nähe sucht. Ich habe mich ziemlich lieblos verhalten, das werde ich ändern.

12. Mein Mann funktioniert wie ein Roboter

Sandra empfindet ihren Mann als absolut leblos. Sie sagt, das rege sie richtig auf. Alles geht bei ihm immer nur um geregelte Abläufe. Die Zeit wird vollgestopft mit irgendwelchen Aktivitäten, die nur scheinbar wichtig, aber in Wirklichkeit komplett überflüssig sind. Alles muss geplant sein, funktionieren, kontrolliert werden, der Norm entsprechen. Sie denkt sich, dass er auch einmal flexibler sein und sie in sein Handeln einbeziehen könnte.

Worum genau geht es?
Er sollte sich auch einmal spontan und locker verhalten.

Tust du das?
Ja, ich halte mich zwar an gewisse Grundregeln, wie z. B. Pünktlichkeit, wenn ein Termin ansteht, aber sonst lasse ich auch einmal etwas auf mich zukommen. Ich kann auch von etwas Geplantem abweichen, ich bin da eher spontan und locker. Ich mag diese Abhängigkeit von starren Zeiten und Abläufen nicht.

Hast du es in der Vergangenheit getan?
Ja, außer wenn ein strikter Zeitplan unbedingt notwendig war, zum Beispiel wenn wir weggefahren sind und ich vieles zu erledigen und zu organisieren hatte.

Fragetechnik 1: Kritik

Tust du vielleicht das Gegenteil von dem, was du am anderen kritisierst, und bist du vielleicht zu extrem darin?
Nein, das glaube ich nicht.

Wärst du gerne so wie dein Mann?
Nein, sicherlich nicht!

Hat sich in der Vergangenheit schon einmal jemand dir gegenüber so verhalten, wie du es heute am anderen kritisierst?
Mein Vater. Bei ihm musste auch immer alles nach Plan laufen, sonst war er völlig irritiert. Ich erinnere mich an verschiedene, immer gleiche Rituale: die Weihnachtsfeste, die öden Sonntage, die immer gleichen Spaziergänge, die immer gleichen Abläufe jeden Morgen beim Essen, und an jedem Freitag war Badetag. Es war so langweilig, und ich musste das alles mitmachen. Ich wurde dazu gezwungen und war dadurch gefangen in einem Trott ohne viel Freude. Alles war nur ernst, starr und ganz korrekt. Damals hat es mich schon gestört, und zeitweise habe ich rebelliert, aber dann gab es Ärger mit meinem Vater. Er war dann beleidigt, so wie mein Mann heute.

Hat sich in der Vergangenheit schon einmal jemand anders gegenüber einem anderen so verhalten, und hast du es miterlebt?
Mein Vater war auch meiner Mutter gegenüber so. Ich musste erleben, wie meine Mutter sich komplett anpasste und unterordnete. Eigentlich war sie eine lebenslustige und spontane Frau, aber er engte sie immer wieder mit

seiner kontrollierenden Art und seiner Ernsthaftigkeit ein. Sie war deswegen oft traurig – und besonders schöne Zeiten hatte sie immer dann, wenn sie sich mit ihren Freundinnen traf. Dann kam sie glücklich und gelassen nach Hause, wurde dort aber sehr schnell ernst und richtete sich wieder ganz nach meinem Vater. Genauso mache ich es jetzt auch, das wird mir gerade klar.

Meine Mutter war wegen Vater oft traurig. Ich habe das gespürt und wollte es immer anders haben, weil ich dachte, dass sie dann glücklicher wäre. Deswegen rebellierte ich dann auch, leider mit dem Ergebnis, dass meine Mutter noch trauriger wurde, es mir schlecht ging und zudem mein Vater Widerstand gegen mich aufbaute. Er wurde dann regelrecht trotzig.

Was erkennst du für dich?
Ich erkenne, dass ich abwechselnd die Rolle meiner Mutter oder von mir selbst als Kind spiele. Entweder füge ich mich, oder ich rebelliere. Meist bin ich traurig, weil ich mich so unwichtig fühle. Klären konnte ich das mit meinem Vater oder mit meiner Mutter nie. Es wurmt mich heute noch, dass er mich und meine Mutter so eingeengt hat. Ordnung, immer diese Ordnung! Meine Mutter hätte sich das gar nicht gefallen lassen müssen, sie hätte es doch ändern können. Wollte sie es vielleicht nicht ändern? Es war auf jeden Fall nicht meine Aufgabe als Kind, für sie die Situation zu ändern.

Heute bin ich erwachsen, und jetzt kann ich es zumindest für mich ändern. Ich muss endlich lernen, mich abzugrenzen und mein Leben freier zu gestalten, auch wenn mein Mann so ist, wie er ist. Und auch wenn er ein ernster, ruhiger Typ ist, der alles der Reihe nach korrekt und zuverlässig erledigen möchte, liebe ich ihn. Ich kann es ja anders machen, ich muss mich ihm nicht anpassen. Ich bin nicht dafür zuständig, ihn umzukrempeln. Ich war auch nicht dafür zuständig, meinen Vater umzukrempeln, damit meine Mutter nicht so eingesperrt gewesen wäre. Sie lachte so gerne, genau wie ich! Ich möchte wieder lachen können, frei und unbeschwert. Genau so hat mein Mann mich schließlich kennen- und lieben gelernt. Ich werde aufhören, an ihm herumzunörgeln, und ihm für seine tolle Spiegel-Funktion danken. Ich erkenne auch, dass seine Wesensart manchmal sogar nützlich für mich ist und mir einen guten Halt gibt. Ich verzettle mich nämlich gelegentlich und laufe dann Gefahr, den Boden unter den Füßen zu verlieren.

Zusammenfassung

In diesen Kritikbeispielen wird deutlich, dass die Ursache für aktuelle Kritik selten in der Gegenwart zu finden ist. Mithilfe dieser Technik sollte es dir gelingen, das zu erkennen. Halte dich am Anfang einfach an die Reihenfolge der Fragen, und schweife nicht zu weit ab, damit du leichter zu einer Klärung für dich kommst.
Wenn du erst einmal erkannt hast, dass dir nur ein Teil von dir gespiegelt wird, kannst du aufhören, dein Gegen-

über zu bekämpfen und zu kritisieren. Gehe stets liebevoll mit dir selbst um, und verlange vor allem am Anfang nicht zu viel von dir. Es ist ein Bewusstwerdungsprozess. Es ist möglich, dass du anfangs erst ein paar Tage nach einem Kampf erkennst, dass du den Spiegel geputzt hast. Kritisiere dich nicht dafür, sondern freue dich darüber, dass du es erkannt hast. Wenn du dann schon etwas bewusster bist, bemerkst du es vielleicht bereits gleich nach einem Kampf. Und bist du noch etwas bewusster, wird dir schon während deines Kampfes deutlich, was du gerade tust. Und irgendwann wird es dir beim ersten kritischen Gedanken, der dir durch den Kopf geht, bewusst sein. Es geht immer schneller, je bewusster du wirst.

Als Folge davon wirst du viel mehr Harmonie erleben. Du wirst deine Mitmenschen weniger kritisieren und viel achtsamer mit ihnen umgehen können. Je mehr du deine Schattenseiten anschauen und annehmen kannst, desto besser kannst du die Schattenseiten anderer annehmen. Je mehr du dich achten und respektieren kannst, desto besser kannst du andere achten und respektieren. Je mehr du auf der Ego-Ebene mit deiner Unvollkommenheit leben kannst, desto liebevoller kannst du mit der Unvollkommenheit deiner Mitmenschen umgehen. Je mehr Mitgefühl und Wertschätzung in jedem Einzelnen von uns entstehen, desto heiler wird die Welt.

Dem Wort *Wertschätzung* möchte ich noch ein paar Zeilen widmen. Wie sieht Wertschätzung im Alltag aus?

Fragetechnik 1: Kritik

Wie sehr wertschätze ich meinen Partner, meine Eltern, meine Kinder usw.?

Nehmen wir das Beispiel einer meiner Bekannten. Sie sagte: »Es regt mich so auf, dass mein Freund mich immer wegen meiner Unordnung kritisiert. Die ersten Male ignoriere ich seine Beschwerden ja noch und höre eigentlich gar nicht hin. Aber irgendwann reicht es mir, und dann explodiere ich.« Wo bleibt da die Wertschätzung der Gefühle ihres Freundes? Die ersten Beschwerden ignoriert sie. Da ist kein Zeichen von Wertschätzung.

Oder ein anderes Beispiel: Michaela hat Liebeskummer und lenkt sich von ihrem Kummer in der Disco mit ein paar Flirts ab. Da ist keine Wertschätzung ihres Schmerzes. Oder das Kind, das weinend zur Mutter rennt und sagt: »Ich habe solche Angst«, woraufhin die Mutter erwidert: » Du brauchst doch keine Angst zu haben.« Mit Wertschätzung der Angst würde die Mutter fragen: »Wovor hast du denn solche Angst?«

Erst bei näherer Betrachtung wird einigen Menschen die Bedeutung des Wortes Wertschätzung bewusst. Wie viel Wertschätzung gibst du dir und deinen Gefühlen und in der Folge den Gefühlen deiner Mitmenschen? Die meisten Menschen sind aus Angst vor Schmerz so sehr mit dem Verdrängen ihrer Gefühle beschäftigt, dass sie sich selbst gar nicht mehr spüren. Folglich können sie auch die Gefühle anderer nicht wertschätzen.

»Ihr habt solche Angst vor dem Fühlen eurer Gefühle, weil ihr glaubt, dass ihr an dem Schmerz sterben werdet«, meint Jani King hierzu. »In Wahrheit werdet ihr sterben, wenn ihr euch nicht dem Gefühl zuwendet.« *Sterben* muss hier nicht den körperlichen Tod bedeuten. Tot ist schon, wer von seinem Gefühl abgeschnitten ist. Mit geschlossenem Herzen ist keine Wertschätzung möglich, aber andere kritisieren gelingt dafür umso leichter. Wenn du dich dabei ertappst, dass du andere kritisierst, dann wertschätze auch das! Denke nicht: »Ich darf nicht kritisieren!« Du darfst! Solange du kritisierst, tue es, aber erkenne dich dabei. Und dann erforsche die Ursache deiner Kritik, damit du dich von der Kritik befreien kannst. Sonst willst du nur heiliger sein, als du bist, und das führt sicherlich nicht zu einem höheren Bewusstsein.

Fragetechnik 2:
Spiegeln von Denken, Fühlen oder Verhalten, das ich an anderen *bewundere*

Neben dem Spiegeln von negativer Kritik ist das Spiegeln von Bewunderung auch sehr empfehlenswert, denn bei dieser Fragetechnik kommen besonders unsere unbewussten Wünsche, Träume und Bedürfnisse ans Licht. Wenn wir unsere Bedürfnisse nicht kennen, erleben wir oft eine innere Unzufriedenheit, ohne genau zu wissen, warum. Und wir alle haben Bedürfnisse, Wünsche und Träume.

Mein Tipp: Schaue dich in deiner Welt um, und achte darauf, wen oder was du bewunderst. Dann finde heraus, warum das so ist. Die Fragetechnik 1 ist dir nun schon vertraut. Fragetechnik 2 ist dieser sehr ähnlich. Auch hier sind es nur ein paar einfache Fragen, die erstaunliche Erkenntnisse hervorbringen.

1. *Worum genau geht es?*

2. *Denkst, fühlst oder tust du das auch? Mit dir oder anderen?*

3. *Hast du das in der Vergangenheit gedacht, gefühlt oder getan? Mit dir oder anderen?*

4. *Denkst, fühlst oder tust du vielleicht genau das Gegenteil von dem, was du bewunderst? Und bist du vielleicht zu extrem darin?*

5. *Würdest du gerne so denken, fühlen oder handeln?*

6. *Hast du in der Vergangenheit schon einmal jemanden getroffen, der genau das hatte, was du heute so bewunderst, und hast du es damals schon an ihm bewundert? Wie haben andere darauf reagiert?*

7. *Wenn nichts davon passt: Kann es sich um eine übertragene Botschaft handeln?*

8. *Was erkennst du für dich?*

Auch hier führe ich in der Folge mehrere Beispiele auf, sodass du ein besseres Verständnis für diese Fragetechnik erlangst.

Fragetechnik 2: Bewunderung

1. Der gelassene Schauspieler

Eva sieht in ihrer Freizeit mit Vorliebe Heile-Welt-Filme. Sie sieht sich gerne eine Serie über einen Hotelmanager und dessen Erlebnisse mit seinen Hotelgästen an. Dieser Manager wird von Christian Kohlund gespielt. Eva fand ihn schon immer sehr sympathisch, und sie liebt Filme mit diesem Schauspieler. Eines Tages bemerkt sie, dass sie den Schauspieler und seine Ausstrahlung so richtig zu bewundern beginnt. Zeit für die Spiegeltechnik.

Worum genau geht es? Was bewunderst du?
Der Schauspieler wirkt so ruhig und gelassen. Was auch immer passiert, er bleibt in dieser gelassenen und sicheren Haltung, nichts kann ihn stressen.

Bist du auch so gelassen und ruhig?
(Hier ist das Auseinandergehen der Fremd- und der Eigenwahrnehmung wie immer sehr spannend. Eva sagt spontan: »So gelassen bin ich nicht.« Eine Freundin von ihr sagt: »So bist du doch auch.« Sie könnte also eigentlich sagen:) »Ja, manchmal bin ich auch so, aber nicht immer. Besonders wenn ich mir Filme anschaue, fühle ich mich alles andere als gelassen.«

Warst du in der Vergangenheit so gelassen?
Ja, ich kenne das Gefühl der Gelassenheit gut. Warum bin ich eigentlich nicht immer so? Ich glaube, ich verliere meine Gelassenheit, wenn Existenzängste in mir hoch-

kommen und ich aus dieser Angst heraus zu viele Aktivitäten plane. Dann bin ich natürlich überfordert und gestresst.

Bist du vielleicht genau das Gegenteil von dem, was du bewunderst, und zu extrem darin?
Ja, zurzeit bin ich wirklich gestresst.

Wärst du gerne gelassener?
Ja, auf jeden Fall.

Hast du in der Vergangenheit schon einmal jemanden getroffen, der sich auch so verhalten hat, und hast du das damals schon an ihm bewundert?
Mir begegnet immer wieder jemand, der viel Ruhe und Gelassenheit ausstrahlt. Gerade jetzt fällt mir meine Oma ein. Sie war stets im Haus, als ich ein Kind war. Meine Eltern und mein Opa waren sehr mit der Landwirtschaft beschäftigt, aber meine Oma war immer da. Sie litt ein wenig an einer Herzschwäche, weshalb sie körperlich nicht so belastbar war. Ich empfand sie als sehr ruhig und gelassen, sie hatte stets Zeit für meine Geschwister und mich und hörte uns zu. Alles was sie tat, tat sie in Ruhe. Das ist jedenfalls das Bild, das ich in meinen Erinnerungen von ihr habe. Ob andere sie auch so sahen, kann ich nicht sagen. Meine Eltern waren wesentlich gestresster, denn sie hatten viel Arbeit und es insgesamt nicht leicht.

Was erkennst du für dich?
Ich habe ein Bedürfnis nach mehr Zeit für mich. Das war mir vorher nicht klar. Erst nachdem mir meine Bewunderung für den Schauspieler bewusst geworden war und ich diese hinterfragt habe, ist mir jenes Bedürfnis aufgefallen. Außerdem erkenne ich, dass ich Prägungen und unbewusste Überzeugungen habe, die mir meine Arbeit und das Geldverdienen erschweren. Als ich gerade an meine Eltern und ihre schwere Zeit dachte, konnte ich fühlen, wie etwas in mir angestoßen wurde. Es wird sich für mich lohnen, näher hinzuschauen, und ich bin schon gespannt, was ich entdecken und erlösen kann.

2. Marias Bewunderung für ihre hellsichtige Freundin

Maria bewundert an ihrer Freundin deren hellseherische Fähigkeiten. Wenn ihre Freundin Heilungen bei anderen Menschen durchführt, kann sie dabei Engel, Energien usw. sehen. Sie selbst kann »nur« hellfühlen. Wenn sie bei anderen Personen Heilungstechniken anwendet, spürt sie zwar beispielsweise, wie negative Energien aus dem Körper der Klientin hinaus- und positive Energien wieder hereinfließen, aber sehen kann sie das nicht.

Worum genau geht es?
Ich möchte auch hellsehen können. Ich kann nur spüren – leider.

Wieso sagst du »nur spüren«? Es gibt doch verschiedene Arten der Medialität, und die sind alle gleichwertig.
Nein, für mich nicht. Ich bin eine bodenständige Person, und ich glaube nur, was ich wirklich sehen kann. Alles andere ist für mich nicht real.

Warst du schon mal richtig traurig?
Ja, sicher.

Hast du das gesehen oder gespürt?
Das habe ich gespürt.

War die Trauer für dich real, auch wenn du sie »nur« gespürt hast?
Ja, aber das ist ja auch etwas anderes. Das betrifft nur mich. In Bezug auf andere Personen ist das anders.

Was würde es dir bringen, wenn du hellsehen könntest?
Ich hätte mehr Vertrauen in mich und meine Fähigkeiten.

Also geht es dir gar nicht so sehr um die Fähigkeit des Hellsehens, sondern darum, mehr Vertrauen in dich und in deine Fähigkeiten zu haben?
Ja, jetzt wird mir das bewusst. Ich wünsche mir, dass ich mir und meinen Gefühlen mehr vertrauen schenken kann und dass ich mehr an meine Heilerfähigkeiten glaube.

Tust du das?
Nein, ich vertraue mir nicht, und von meinen Fähigkeiten bin ich noch nicht überzeugt.

War das auch in der Vergangenheit so?
Nein, da war das eher noch schlimmer. Ich hatte echte Katastrophenbeziehungen zu Männern. In der Vergangenheit habe ich mich sehr schlecht behandeln und mir einreden lassen, dass ich zu nichts gut bin. Ich habe aber schon sehr an mir gearbeitet, sodass mein Selbstwertgefühl sich bereits etwas gebessert hat.

Bist du vielleicht genau das Gegenteil von dem, was du bewunderst, und bist du vielleicht zu extrem darin?
Ja, ich traue mir immer noch viel zu wenig zu.

Hast du in der Vergangenheit schon einmal jemanden getroffen, der sich auch so verhalten hat, und hast du es damals schon bewundert? Wie haben andere darauf reagiert?
Ich habe schon immer andere für ihre Fähigkeiten bewundert. Insgesamt habe ich andere immer sehr viel höher gestellt und mich selbst damit ganz klein gemacht. Ich erinnere mich, dass ich im Alter von drei Jahren sehr fröhlich war und getanzt und gesungen habe. Ich sehe ganz deutlich dieses Bild vor mir. Danach muss etwas geschehen sein, denn später war ich nur noch das angepasste brave Kind. Ich glaube, ich habe mir alles Mögliche einreden lassen und mir selbst nicht mehr vertraut. Wie andere darauf reagiert haben, weiß ich nicht.

Was erkennst du für dich?
Ich sehe jetzt, dass es sehr wichtig ist, mich noch einmal mit meiner Vergangenheit auseinanderzusetzen, um mein Selbstwertgefühl zu heilen. Dass ich gerade diese Erinnerung an mich als Dreijährige hatte, hat bestimmt einen Grund. Vielleicht will ich andere nur deshalb heilen, weil ich selbst nicht heil bin. Vielleicht verschwindet sogar mein Wunsch, eine Heilerin zu sein, wenn ich selbst geheilt bin. Ich will jetzt herausfinden, was geschehen ist, weshalb ich mich dermaßen klein mache und mir selbst nicht mehr vertraue.

3. Die Bewunderung für einen Topverkäufer

Michael bezeichnet seinen Schwager als Verkaufsgenie. Egal, was dieser an den Mann bringen will, es gelingt ihm. Er hat überhaupt keine Hemmungen, auf andere Menschen zuzugehen, und spricht einfach jeden an. Das bewundert Michael sehr.

Worum genau geht es?
Ich bewundere das Verkaufstalent meines Schwagers.

Bist du das auch, ein Verkaufstalent?
Leider nein. Ich arbeite in einer Bank, und wir haben Abschlussvorgaben. Zurzeit schaffe ich diese Vorgaben

nicht. Ich hasse das! Und ich hasse die Monatsgespräche, in denen mein Vorgesetzter mir erzählt, dass ich zu wenige Abschlüsse erzielt habe. Ich hasse auch die Wochengespräche, in denen ich über meine Arbeitsschritte Rechenschaft ablegen muss.

Warst du in der Vergangenheit erfolgreicher im Verkauf?
Ja, in der Vergangenheit war ich erfolgreicher. Die Wirtschaftskrise, die Konkurrenz durch Internetbanken und freie Makler sowie viele weitere Faktoren tragen dazu bei, dass es derzeit schwer ist, Abschlüsse zu erzielen. Das beklagen auch viele meiner Kollegen. Hinzu kommt noch, dass ich im letzten Jahr in eine andere Filiale versetzt wurde und daher auch keine mir zugeordneten Kunden mehr habe. In der neuen Filiale bin ich bei den Kunden noch nicht sehr bekannt, weshalb sie sich häufig an meine Kolleginnen und Kollegen wenden, die schon seit Jahren in der Filiale arbeiten und »schon immer« als Ansprechpartner zur Verfügung standen.

Bist du vielleicht genau das Gegenteil von dem, was du bewunderst, und bist du vielleicht zu extrem darin?
Ja, mittlerweile fühle ich mich sehr demotiviert. Und ich bemühe mich auch gar nicht mehr richtig, jeden Kunden anzusprechen.

Wärst du gerne ein Topverkäufer?
Natürlich!

Hast du in der Vergangenheit schon einmal jemanden getroffen, der sich auch so verhalten hat wie dein Schwager, und hast du es damals schon bewundert?

Es hat in meinem Umfeld immer Kollegen und auch andere Menschen gegeben, die ich bewundert habe. Das hat sich jedoch relativiert, denn mit der Zeit kamen einige Dinge ans Licht, die mir zuvor nicht bekannt waren. Auch gibt es mittlerweile vom Arbeitgeber Vorgaben, die ich eigentlich nicht mit meinem Gewissen vereinbaren kann und gegen die ich mich sträube.

Was erkennst du für dich?

Ich bewundere die Topverkäufer, weil ich mir im Grunde mehr Anerkennung von meinen Vorgesetzten wünsche. Dafür müsste ich jedoch sehr viel bessere Abschlusszahlen bringen, denn nur das ist dem Vorstand noch wichtig. Ich sehe mich aber nicht als Verkäufer, sondern möchte, dass ein Kunde in mir einen seriösen und kompetenten Berater hat.

Ich erkenne, dass ich mit meiner Einstellung in dieser Zeit wohl nicht zu den Topverkäufern gehören kann. Wenn ich länger darüber nachdenke, ist das sogar in Ordnung für mich. Ich werde mich von meinem Bedürfnis nach Anerkennung durch den Arbeitgeber befreien und eine andere Motivation für meinen Job finden, etwa Kundenzufriedenheit. Aufgrund meiner jahrzehntelangen Betriebszugehörigkeit bin ich glücklicherweise so gut wie unkündbar. Ein jüngerer Kollege, der noch Karriere machen will, müsste für sich unter diesen Umständen eine andere Lösung finden. Aber für mich passt das so.

4. Omas Mittagsschlaf

Larissa beneidet ihre Oma um deren Mittagsschlaf: Sie legt sich hin, schläft zehn Minuten tief und fest, wacht danach erfrischt auf und ist topfit. Larissa beneidet sie darum und würde auch gerne solch einen Mittagsschlaf halten können, aber das gelingt ihr nicht. Sie legt sich mittags zwar hin, aber meistens liegt sie wach, kann nicht einschlafen und ist anschließend noch müder als zuvor.

Worum genau geht es?
Ich möchte mittags auch gerne so entspannt schlafen können wie meine Oma.

Warum?
Weil ich dann mehr Energie hätte.

Also geht es dir darum, mehr Energie zu haben?
Genau, ich möchte mehr Energie haben.

Hast du grundsätzlich zu wenig Energie?
Nein, das ist total unterschiedlich. Es verhält sich mit meinem Mittagsschlaf auch nicht immer gleich. Da gibt es durchaus Tage, an denen ich mich leichter entspan-

nen kann. Wenn ich jetzt darüber nachdenke, erkenne ich, dass mir der Mittagsschlaf immer dann schwerfällt, wenn ich vormittags im Büro gearbeitet habe. Ich arbeite als Verwaltungskraft in einem Büro, aber mein Wunsch wäre es, im psychologischen Bereich aktiv sein zu können. Ich habe darin auch schon einige Ausbildungen absolviert, aber mein Bürojob ist finanziell sicher, weshalb ich an ihm festhalte. Möglicherweise strengt er mich so an, weil ich ihn ohne Freude erledige.

Wie war es in der Vergangenheit um deine Energie bestellt?
Auch unterschiedlich, je nach Stress.

Fühlst du vielleicht genau das Gegenteil von dem, was du bewunderst, und bist du vielleicht zu extrem darin?
Ja, teilweise bin ich sehr kraftlos.

Hast du in der Vergangenheit schon einmal jemanden getroffen, der genau das hatte, was du heute so bewunderst?
Nicht dass ich wüsste.

Was erkennst du für dich?
Ich erkenne, dass mein Wunsch nach einer anderen Tätigkeit sehr viel größer ist, als ich dachte. Ich arbeite Jahr für Jahr in einem Job, den ich nicht mag, und das kostet mich sehr viel Energie. Wie sehr mich das belastet, war mir gar nicht bewusst. Ich habe mich die ganze Zeit über darauf konzentriert, Techniken zu finden, mit denen ich Tiefschlaf und Erholung finden kann, statt nach

der Ursache für meine Entspannungsschwierigkeiten zu forschen. Es ist an der Zeit, dass ich mich ernsthaft mit meinem Berufswunsch auseinandersetze. Ich möchte einer Arbeit nachgehen, die mir richtig Freude bereitet. Ich fühle mich schon kraftvoller, wenn ich nur daran denke!

5. In jedem Menschen etwas Positives sehen

Heike bewundert an ihrer Freundin Susi, dass sie in jedem Menschen etwas Positives sehen kann, egal wie unvorteilhaft er sich benehmen, aussehen oder handeln mag. Sie selbst sieht zuerst immer das Negative, und das ist dann so groß, dass sie nichts Positives mehr sehen und zulassen kann. Sie bedauert es, denn sie spürt, dass sie sich dadurch von ihren Mitmenschen absondert.

Worum genau geht es?
Ich sollte mehr Positives in den Menschen sehen.

Kannst du das? Dir oder anderen gegenüber?
Nein, ich sehe an anderen nicht viel Positives. Bei mir selbst allerdings ebenfalls nicht. Auch bei mir sehe ich das Negative immer deutlicher als das Positive.

Hast du das auch in der Vergangenheit getan? Dir oder anderen gegenüber?
Ich war schon immer so wie jetzt.

Tust du vielleicht genau das Gegenteil von dem, was du bewunderst, und bist du vielleicht zu extrem darin?
Ja, ich bin sehr extrem darin, Negatives zu sehen und alles und jeden sogleich negativ zu bewerten.

Würdest du gerne anders sein?
Gerne würde ich mehr Positives an anderen und an mir sehen können.

Hast du in der Vergangenheit schon einmal jemanden getroffen, der genau das hatte, was du heute so bewunderst, und hast du es damals schon an ihm bewundert? Wie haben andere darauf reagiert?
Wenn ich darüber nachdenke, dann erinnere ich mich, dass meine Oma so war. Sie hat stets das Positive in den Menschen gesehen. Ob ich das bewundert habe? Ich glaube nicht, denn meine Eltern haben mir immer gesagt, dass Oma so naiv und weltfremd sei. Mein Vater sagte immer, dass die Menschen schlecht seien und jeder nur an sich denke. Deshalb müsse man höllisch aufpassen, dass man nicht übers Ohr gehauen werde. Meine Mutter hat auch immer so geredet.

Was erkennst du für dich?
Mir wird jetzt bewusst, wie sehr ich mich durch die negativen Glaubenssätze meiner Eltern selbst begrenze. Ich habe ihre Überzeugungen ungeprüft übernommen, daher denke ich unbewusst: »Die Menschen sind schlecht, die Welt ist schlecht, jeder will mich übers Ohr

hauen. Wer das Gute im Menschen sieht, ist naiv und weltfremd.«
So will ich aber nicht denken, denn mit meinem Denken erschaffe ich meine Wirklichkeit. Ich kann mein Denken ändern, indem ich die Überzeugungen meiner Eltern loslasse und mir stattdessen neue Überzeugungen erschaffe, die positiv und für mich hilfreich sind. Erst wenn ich glauben kann, dass es viele gute Menschen gibt und die Welt viel Gutes zu bieten hat usw., dann kann ich das auch erleben.

6. Maike und ihre Hemmungen in Bezug auf Männer

Maike ist Single und geht oft mit ihren Freundinnen in die Disco. Seit ein paar Wochen sieht sie in ihrer Stammdisco öfter einen Mann, der ihr vom äußeren Erscheinungsbild her sehr gut gefällt und den sie gerne näher kennenlernen würde. Er schaut zwar auch immer wieder zu ihr herüber, aber er macht keine Anstalten, sie anzusprechen. Maike traut sich nicht, die Initiative zu ergreifen. Ihre Freundinnen drängen sie, indem sie ihr sagen: »Gehe doch einfach zu ihm hin, und sprich ihn an.« Sie kann das aber nicht, und sie bewundert an ihren Freundinnen, dass sie in dieser Hinsicht keine Hemmungen zu haben scheinen. Aber jeder ist eben anders, sagt sie sich. Ich kann nicht wie sie sein, und das ist eben so – ich bin so.

Worum genau geht es?
Ich wäre auch gerne weniger gehemmt in Bezug auf das Ansprechen und Kennenlernen von Männern.

Bist du grundsätzlich gehemmt oder nur bei »besonderen« Männern?
Bei Männern, die mir gefallen, bin ich völlig gehemmt. Wenn mich jemand nicht interessiert, ist es weniger schlimm, aber auch dann würde ich die Initiative nicht ergreifen.

Hast du das in der Vergangenheit getan?
Nein, das habe ich nie getan.

Tust du vielleicht genau das Gegenteil von dem, was du bewunderst, und bist du vielleicht zu extrem darin?
Ja, ich tue das Gegenteil und bin wohl extrem darin.

Wärst du gerne anders?
Ja, ich wäre gerne weniger gehemmt, denn ich denke, dass auch viele Männer Hemmungen haben. Kann ja sein, dass der Typ, der mich öfter anschaut, auch Hemmungen hat und mich deshalb nicht anspricht. Wenn dem so wäre, könnte nie etwas aus uns werden. Das wäre doch schade.

Hast du in der Vergangenheit schon einmal jemanden getroffen, der genau das hatte, was du heute so bewunderst, und hast du es damals schon bewundert? Wie haben andere darauf reagiert?

Meine Cousine ist offen und ungehemmt im Umgang mit Männern, wie mir jetzt einfällt. Sie kennt viele Männer, lernt auch immer wieder neue Männer kennen. Irgendwie finde ich das schon toll, aber ich kann nicht sagen, dass ich sie bewundere.

Meine Eltern – besonders mein Vater – finden ihr Verhalten entsetzlich. Sie bezeichnen sie als Flittchen. Aus ihrer Sicht gehört es sich nicht für eine Frau, sich mit so vielen Männern zu treffen. Eine Frau, die etwas auf sich hält, macht sich eher rar und hebt sich für den »Richtigen« auf.

Was erkennst du für dich?
Es könnte sein, dass ich so gehemmt bin, weil ich nicht will, dass meine Eltern – besonders mein Vater – schlecht von mir denken. Ich sage oft zu mir, dass ich halt so bin, wie ich bin, aber ich habe mich noch nie gefragt, warum ich so bin. Das wird mir jetzt bewusst. Vielleicht kann ich mich ändern, und vielleicht gelingt es mir, meine Hemmungen abzubauen. Auf jeden Fall lohnt es sich für mich, wenn ich mir das Thema genauer ansehe.

Zusammenfassung

Wertschätze deine Bedürfnisse und Wünsche, und befriedige und erfülle sie dir, so gut es geht. Eines der wichtigsten Gebote des Christentums lautet: »Liebe deinen Nächsten *wie dich selbst*.« Es lautet nicht »... *mehr* als dich selbst«! Im Sinne des Spiegelgesetzes kannst du von außen nie Wertschätzung deiner Bedürfnisse und Wünsche erhalten, wenn du selbst dir diese Wertschätzung nicht geben kannst oder möchtest. Denke einmal darüber nach, es lohnt sich!

Hinweis
Bei meiner Fragetechnik und in den Beispielen habe ich die Reihenfolge der Fragen so gewählt, dass man mit der Beschreibung, der Benennung der Bewunderung beginnt. Voraussetzung hierfür ist, dass ich mich dabei ertappen muss, wenn ich etwas oder jemanden bewundere. Erst danach kann ich mit der Fragetechnik arbeiten.

Eine meiner Seminarteilnehmerinnen hat mir berichtet, dass es bei ihr umgekehrt abläuft. Sie erkennt zuerst, dass sie an sich selbst etwas kritisiert (zum Beispiel eine Angst vor Spinnen), und überlegt sich anschließend, ob sie jemanden kennt, der diese Angst nicht hat. Wenn sie dann jemanden findet, fängt sie an, diesen Menschen zu bewundern – und daraufhin setzt sie die Fragetechnik ein. Wie du es machst, ist dir überlassen. Führe die Technik so durch, wie es für dich sinnvoll ist.

Wenn du übrigens im Außen nichts findest, was du bewunderst, gibt es noch andere Möglichkeiten, deine Bedürfnisse und Wünsche zu erkennen. Hier noch eine andere Übung:

Erstelle eine Liste mit zehn Personen, die du kennst, z. B.: Mama, Papa, Sonja, Elke usw.

Anschließend fügst du hinzu, was du *glaubst*, was diese Personen sich wünschen oder welche Bedürfnisse sie haben. Es geht nicht darum, ob du tatsächlich *weißt*, was diese Personen sich wünschen. Gehe bei dieser Übung spontan und intuitiv vor, denke also nicht zu lange nach.

Deine Liste könnte anschließend so aussehen:
Mama: will heile Welt, Harmonie
Papa: will frei sein, etwas erleben
Sonja: will mehr Geld
Elke: will mehr Freizeit
usw.

Wenn du die Übung abgeschlossen hast, betrachte deine Antworten, und frage dich: »Wie viele dieser Bedürfnisse und Wünsche der anderen sind auch die meinen? Jetzt oder in Zukunft?« Im Sinne des Spiegelgesetzes müssten es alle sein.

Fragetechnik 3:
Spiegeln durch Tiere

Auch das Verhalten von Tieren kann uns eine Menge spiegeln. Dabei spielt es keine Rolle, ob es sich um dein eigenes Haustier oder um ein fremdes Tier handelt, welches du vielleicht nur kurz im Vorbeigehen bemerkst. Sobald es dir auffällt, ist es in deiner Welt. Im ersten Schritt geht es bei dieser Technik darum, das Verhalten des »Spiegeltieres« zu beschreiben. Im zweiten Schritt frage ich mich dann wieder: »Was hat das mit mir zu tun?«

Ich erkläre dir diese Technik anhand eines Beispiels:

Worum genau geht es?
Dein Kater hat seit Tagen eine Dauerschlafphase. Wenn er ein Freigänger wäre, dann bekämst du dieses Verhalten vermutlich nicht mit und es hätte dann nichts mit dir zu tun. Da es dir jedoch auffällt, ist es in deiner Welt.

Daher lohnt es sich zu fragen: »Was spiegelt dir das Verhalten deines Katers?«
Da gibt es mehrere Möglichkeiten. Zum Beispiel: Du hast auch den Wunsch nach mehr Schlaf. Vielleicht bist

du zu sehr gestresst und gönnst dir einfach keine Ruhephase. Es kann aber auch sein, dass du dein Bedürfnis nach Ruhe noch gar nicht gespürt hast. Möglich ist auch das Gegenteil, dass du einfach viel zu träge bist und aktiver sein solltest.

Nachfolgend führe ich auch zu diesem Thema mehrere Beispiele an, denn das ist die einfachste Art, die Technik zu verdeutlichen.

1. Miriams Katzen mit Fluchtgedanken

Miriams Katzen haben seit ein paar Tagen »Fluchtgedanken«. Ihre Katzen sind keine Freigänger und wollen normalerweise gar nicht nach draußen. Seit ein paar Tagen verhalten sie sich jedoch sehr auffällig, denn sie stehen ständig vor den Ausgangstüren des Hauses, und man muss aufpassen, dass sie nicht entwischen.

Wie geht es dir, Miriam? Hast du auch Fluchtgedanken? Möchtest du auch ausbrechen? Oder eher gegenteilig handeln?
Seit ein paar Wochen fühle ich mich durch eine familiäre Geschichte völlig eingeengt. Ich habe zusätzliche Pflichten, die ich eigentlich gar nicht übernehmen will, aber ich habe keine Wahl. Ich kann auch mit niemandem darüber sprechen. Diese zusätzlichen Aufgaben schränken mich sehr ein, und ich finde es sehr spannend, meinen

seelischen Zustand durch das Verhalten der Tiere gespiegelt zu bekommen. Darauf wäre ich vorher gar nicht gekommen. Ich merke jetzt, wie unzufrieden ich mit dieser Situation bin. Ich erkenne, dass ich das ändern möchte. Vielleicht kann ich einen Weg finden, wie ich gleichzeitig meine Pflichten erfüllen und dafür sorgen kann, dass es mir dabei gut geht.

2. Tanjas anhänglicher Kater

Tanja liebt ihren Kater über alles und sorgt sehr gut für ihn. Neben gutem Futter bekommt er täglich seine Streicheleinheiten. In den letzten Tagen ist er jedoch übermäßig anhänglich und äußerst schmusebedürftig, wovon sich Tanja leicht genervt fühlt.

Wie geht es dir in Sachen Streicheleinheiten? Bist du derzeit besonders liebesbedürftig und anhänglich? Oder eher das Gegenteil?
Ich sehne mich zurzeit wirklich nach mehr Streicheleinheiten. Ich würde gerne viel öfter mit meinem Partner kuscheln, aber irgendwie ist das in letzter Zeit vernachlässigt worden. Von meinem Partner kommt in dieser Hinsicht nicht viel, ich muss immer den Anfang machen. Ich will aber nicht immer den Anfang machen, ich will, dass er öfter auf mich zukommt. Ich spüre jetzt, wie groß mein Bedürfnis danach ist. Auf die Idee, dass das Verhalten meines Katers etwas mit mir zu tun hat, wäre ich

nie gekommen. Ich werde mir das Thema Kuscheln jetzt genauer ansehen und überlegen, was ich ändern kann.

3. Marcos fresssüchtiger Hund

Marco beschreibt seinen Hund als total verfressen. Seit ein paar Monaten kann dieser einfach nicht genug bekommen und frisst mehr denn je.

Wie ist dein Essverhalten? Isst du in letzter Zeit auch zu viel oder eher das Gegenteil?
Mein Essverhalten? Ich habe in den letzten Monaten ein paar Kilo abgenommen und bin eher untergewichtig. Zurzeit bin ich beruflich sehr im Stress, sodass ich zum Essen gar keine Zeit habe. Meinst du, dass die Fresssucht meines Hundes etwas mit mir zu tun hat? Was soll sie mir denn sagen?

Vielleicht, dass du mehr essen sollst?
Klingt logisch und einfach, trotzdem wäre ich von alleine nie drauf gekommen. Ja, jetzt wird mir bewusst, wie sehr ich meinen Körper vernachlässigt habe. Das will ich jetzt ändern. In Zukunft werde ich mich wieder mehr um mich und meine Ernährung kümmern.

Fragetechnik 3: Tiere

4. Emma und der angstvolle Hirsch

Emma besucht ein Wildgehege. Ein Hirsch sowie ein paar Hirschkühe liegen seelenruhig im Gras. Sobald der Hirsch Emma entdeckt, schaut er sie erschrocken an, springt auf und läuft fluchtartig davon. Die Hirschkühe dagegen bleiben ruhig liegen. Während Emma das erlebt, denkt sie: »Jetzt laufen nicht nur die Männer vor mir weg, sondern auch noch die männlichen Tiere.«

Was glaubst du, warum der Hirsch weggelaufen ist?
Ich glaube, dass er Angst vor mir hatte.

Was glaubst du, warum die Männer vor dir weglaufen?
Vielleicht weil ich nicht hübsch oder interessant genug bin oder keine Ausstrahlung habe.

Könnte es sein, dass die Männer Angst vor dir haben, genauso wie der Hirsch?
Das ist für mich ein ganz neuer Gedanke. Bisher habe ich nur bemerkt, dass die Männer vor mir weglaufen. Auf die Idee, dass ich ihnen Angst mache, bin ich noch gar nicht gekommen. Wieso sollte ich ihnen Angst machen? Mit meinem Verhalten? Wie wirke ich denn?

Es lohnt sich, das herauszufinden. Vielleicht spiegeln die Männer dir auch eine gewisse Angst, die du vor Männern hast?
Ja, das Thema Männer ist ein Konfliktthema für mich. Auf jeden Fall hat mein Erlebnis mit dem Hirsch be-

wirkt, dass ich mir mein Männerthema genauer ansehen möchte, damit ich die Chance habe, meine Konflikte zu lösen.

5. Der Kater, der viel Platz für sich beansprucht

Willy hat einen Kater namens Oskar. Oskar ist Freigänger, aber er hält sich auch im Haus auf. Er hat Zugang zu fast allen Zimmern, jedoch sind einige Plätze für ihn tabu. Das gilt zum Beispiel für das Schlafzimmer von Willy und seiner Frau, für das Arbeitszimmer von Willys Frau sowie für den zweiten Balkon. Den ersten Balkon hat Oskar nämlich ganz für sich eingenommen. Katzenklo, Kratzbaum, spezieller Kuschelstuhl, eine Kiste für schlechtes Wetter, Fressnäpfe, Wasserbehälter usw. Da hat »Frauchen« keine Chance, ungestört auf ihrem Liegestuhl zu liegen, und darum gehört der zweite Balkon allein ihr und Willy. Das hat jahrelang gut funktioniert, aber seit Kurzem belagert Oskar »Frauchens« Plätze. Er klettert von außen auf den zweiten Balkon, er scharrt an der Schlafzimmertür und huscht hindurch, sobald sich eine Gelegenheit ergibt. Auch das Arbeitszimmer von Willys Frau ist vor ihm nicht mehr sicher. All seine vorherigen Lieblingsplätze sind uninteressant geworden, die Tabuplätze sind total begehrt.

Was hat das jetzt mit Willy und/oder seiner Frau zu tun?
Willy antwortet spontan: »Ich fühle mich von meiner Frau vernachlässigt und würde mir daher wünschen, dass sie viel mehr Zeit mit mir verbringt, aber ich sage das nicht. Im Geiste bin ich auch so aufdringlich wie mein Oskar, aber im Außen halte ich mich zurück.«
Seine Frau reagiert nicht so spontan, sie überlegt erst: »Ich finde das interessant, denn ich habe gar nicht gemerkt, dass mein Mann zu kurz kommt. Ich wäre auch nie auf die Idee gekommen, dass Oskars Verhalten etwas mit uns zu tun hat. Willy, warum hast du denn nichts gesagt? Ich bitte dich, mir in Zukunft zu sagen, wenn dir etwas nicht gefällt, denn ich kann es ja nicht riechen.« Sie lacht ... »Ich kann aber in Zukunft deinen Kater Oskar beobachten, denn der spiegelt mir, was in dir vorgeht. Praktisch! Gut, dass ich das jetzt weiß.«

6. Wie eine Schildkröte Gelassenheit bewirkt

Martin besitzt eine Schildkröte. Er liebt es, ihr zuzuschauen, wenn sie sich fortbewegt – ganz gemächlich, wie es scheint. Beruflich ist Martin selbstständig, und oft hat er tausend Dinge gleichzeitig im Kopf. Dann rennt er hektisch von einem Termin zum nächsten und ist abends völlig erschöpft. Jetzt hat er festgestellt, dass seine Schildkröte ihm mit ihrer Gemächlichkeit sein eigenes gestresstes Verhalten bewusst macht. Nachdem er das erkannt hat, denkt er, so oft es geht, an seine Schildkröte. Sobald er an sie denkt, wird er ganz ruhig und gelassen. Er hat sie inzwischen sogar fotografiert und im Büro überall Fotos von ihr aufgestellt, denn das hilft ihm, sich auch in sehr stressigen Zeiten an sie zu erinnern.

7. Der heimlich fressende Kater

Silvia besitzt zwei Katzen, beide sind Freigänger und die meiste Zeit unterwegs. Zum Fressen kommen sie jedoch in die Wohnung herein, die sie durch eine Katzenklappe jederzeit betreten können. Neuerdings kommt auch der Kater des Nachbarn in ihre Wohnung und frisst »uneingeladen« mit. Silvia sagt: »Er ist schon richtig dick und fett geworden. Bald wird er wohl nicht mehr durch die Katzenklappe passen, dann hat sich das Thema von selbst erledigt. Wahrscheinlich hat der Nachbar ihn auf Diät gesetzt.«

Kannst du dir vorstellen, was das mit dir zu tun hat?
Nein, aber ich wüsste es gerne.

Zu dick sein, auf Diät sein und heimlich essen, kommt dir das irgendwie bekannt vor?
Ja, ich fühle mich zu dick, bin gerade wieder einmal auf Diät. Besser gesagt, ich tue so, denn die Chips usw. esse ich heimlich, weil ich meiner Familie vorspiele, dass ich Diät halte. Ich schließe mich zum Essen heimlich ein.

Zusammenfassung

An diesen Beispielen siehst du, dass Tiere einem oft das eigene Verhalten direkt oder durch das Gegenteil spiegeln. Du kannst dir sicher vorstellen, dass die Seminarteilnehmer und ich schon viele lustige Stunden zusammen verbracht haben, denn das Spiegeln ist nicht immer anstrengend, sondern kann auch jede Menge Spaß machen. Besonders das letzte Beispiel hat vielen Seminarteilnehmern viel Freude bereitet.

Zum Thema Spiegeln mit Tieren möchte ich noch einen Hinweis von Gregg Braden beifügen. Er beschreibt in seinem Buch *Im Einklang mit der göttlichen Matrix*, dass Tiere Krankheiten entwickeln können, um dir auf diese Art eine für dich noch nicht erkennbare Erkrankung von dir zu spiegeln. Dies habe ich persönlich noch nicht erlebt, und ich kenne auch niemanden, dem das passiert ist, aber ich halte das für möglich. Auf jeden Fall lohnt es sich, die Auffälligkeiten deines Haustieres genauer zu betrachten, denn meistens ist darin eine Botschaft für dich verborgen.

# Fragetechnik 4:
Spiegeln von Krankheiten oder von Ängsten vor Krankheiten

»Der Körper ist der Handschuh der Seele«, sagte einst der österreichische Pantomime Samy Molcho. Inzwischen ist die Psychosomatik – die Verbindung der Seele (Psyche) zum Körper (Soma) – ein anerkanntes Fach der Medizin. Es ist ein sehr spannendes Thema, und bei gesundheitlichen Störungen ist es hilfreich, sich damit zu beschäftigen.

Der Psychosomatik zufolge kann, wenn ein Körpersymptom seelisch begründet ist, dauerhafte Heilung nur dann eintreten, wenn die Ursache des Symptoms »erlöst« wird. Wird es ohne Klärung der Ursache im Außen »korrigiert«, etwa durch eine Operation, kommt es meist im weiteren Verlauf zu Rückfällen oder zu Symptomverschiebungen auf andere Körperteile. Aus dieser Sicht kann ein Krankheitssymptom durchaus als Freund betrachtet werden, der einem hilft, seelische Vorgänge zu erkennen.

Wie kann ich das »Gesetz der Spiegelung« sinnvoll dazu nutzen, die Botschaften von Krankheiten und/oder Ängsten vor Krankheiten zu erkennen und zu verstehen? Meine Körpersymptome spiegeln mir meine inneren Konflikte. Und meine emotionalen Reaktionen in der Auseinandersetzung mit Krankheiten spiegeln mir meine Ängste (die ich aufgrund von eigenen Erkrankungen oder Krankheiten anderer Personen habe).

Nachfolgend verdeutliche ich dir die Fragetechnik für die Spiegelung von Krankheiten sowie die Fragetechnik für die Spiegelung von Ängsten anhand von Beispielen.

Fragetechnik Spiegelung von Krankheiten

Im ersten Schritt geht es darum, das Krankheitssymptom ausführlich und genau zu beschreiben. Was ist es für ein Symptom, und wo, an welchem Organ, macht es sich bemerkbar? Welche Einschränkungen hast du dadurch? Die nähere Betrachtung des betroffenen Organs ist deshalb so wichtig, weil uns die symbolische Deutung des Organs rasch zum eigentlichen Thema führt. Wenn jemand zum Beispiel als Symptom eine Zyste hat, wird nicht nur die Zyste analysiert. Es ist auch wichtig, ob die Zyste z. B. am Eierstock, im Kiefer oder in der Lunge sitzt. Welche symbolische Bedeutung hat das befallene Organ für dich?

Wichtig
Sollten mehrere Personen die Technik gemeinsam anwenden, ist wiederum zu beachten, dass die Antworten des Befragten kommentarlos angenommen und nicht diskutiert werden.

Im zweiten Schritt stellst du dir die Fragen, die dir schon aus der Technik »Spiegeln von Kritik und Bewunderung« bekannt sind. Hier ein Beispiel:

1. Mechthilds Knieprobleme

Mechthild erzählt: »Ich leide seit Monaten unter Schmerzen in beiden Kniegelenken. Ich kann meine Knie nicht mehr schmerzfrei beugen und ich fühle mich in vielen Bewegungen völlig eingeschränkt. Die Knie stehen für mich für sich beugen können. Da fällt mir der Ausdruck in die Knie gehen ein. Er hat für mich etwas mit Demut und Hingabe zu tun.«

Worum genau geht es?
Ich kann mich nicht beugen, nicht demütig sein, mich nicht hingeben.

Tust du das in deinem Leben? (Oder auch: »Bist du so in deinem Leben?« – die Fragestellung richtet sich nach dem Thema)
Mich beugen, demütig sein, mich hingeben? Nein, das tue ich nicht mehr.

Warst du in der Vergangenheit so? Welche Folgen hatte das?
Ja, ich war in meiner Ehe total unterwürfig. Ich richtete mich immer nach meinem Mann, beugte mich immer seinem Willen. Eigene Interessen und Wünsche kannte ich gar nicht. In den letzten Jahren wurde ich dann immer unzufriedener und ließ mich schließlich scheiden.

Tust du vielleicht das Gegenteil von »unterwürfig sein«, und bist du zu extrem darin?
Das könnte sein. Bei näherer Betrachtung muss ich zugeben, in vielen Lebensbereichen überhaupt nicht mehr kompromissbereit zu sein. Ja, ich lebe jetzt genau das Gegenteil von damals und bin zu extrem darin.

Wärest du gerne wieder unterwürfig?
Nein, so wie damals will ich nie wieder sein. Auf der anderen Seite würde ich gerne wieder eine Liebesbeziehung mit einem Mann eingehen. In dieser Hinsicht wünschte ich mir schon, dass ich mehr Hingabe leben könnte.

Hat sich in der Vergangenheit schon einmal jemand dir gegenüber so verhalten?
Nein, da fällt mir niemand ein.

Hat sich in der Vergangenheit schon einmal jemand anders gegenüber einem anderen so verhalten? Wie hast du es erlebt?
Ja, meine Mutter verhielt sich meinem Vater gegenüber auch immer so unterwürfig. Sie tut es heute noch. Er ist sehr dominant, und meine Mutter wehrt sich nicht da-

gegen. Das hat mich schon immer gestört. Sie hat sich noch nie darüber beklagt, aber ich kann mir nicht vorstellen, dass sie damit zufrieden ist. Aber genau weiß ich das nicht, denn wir haben nie darüber gesprochen. Es könnte aber auch sein, dass sie sich gar nicht wehren will und mit dem Zustand zufrieden ist. Auf diese Idee bin ich allerdings zuvor noch nie gekommen.

Was erkennst du für dich?
Meine Knieschmerzen spiegeln mir ein Problem, welches ich unbedingt lösen möchte. Ich habe mein demütiges Verhalten von meiner Mutter übernommen. In Wahrheit habe ich diese Verhaltensweise nie gemocht, und trotzdem habe ich es in meiner Ehe genauso gemacht. Kein Wunder, dass das nicht gut gehen konnte. Ich erkenne jetzt auch, dass ich inzwischen zu sehr in das gegenteilige Verhalten verfallen bin und so meinem Wunsch nach einer Partnerschaft selbst im Weg stehe. Das werde ich jetzt ändern. Ich werde ein Mittelmaß an Hingabe und Demut finden. Ich denke, dass das die ideale Haltung in einer Partnerschaft ist.

Fragetechnik Spiegelung von Ängsten vor Krankheiten

Warum ist es so wichtig, sich mit der Angst vor Krankheit auseinanderzusetzen? Angst zu haben bedeutet nicht, dass ein Teil von dir befürchtet, es könnte schiefgehen.

Angst zu haben bedeutet, dass ein Teil von dir überzeugt ist, dass es schiefgeht. Bewusste und unbewusste Überzeugungen erschaffen zusammen deine Realität, das besagt (wie schon erwähnt) die Gesetzmäßigkeit »Geist erschafft Materie«. Erinnere dich an die Aussagen von Jesus: »Dir geschieht nach deinem Glauben«, oder: »Was du befürchtest, kommt über dich.« Demnach erschafft Angst vor einer Krankheit genau das, was man befürchtet, nämlich Krankheit.

Um unsere Ängste vor Krankheiten zu spiegeln, bedarf es einer gezielten Fragestellung. Diese stelle ich nachfolgend anhand eines Beispiels vor:

2. Angst vor Darmkrebs

Worum genau geht es?
Susanne denkt in letzter Zeit öfter über Darmkrebs nach. Sie hat keine Beschwerden, aber irgendwie sind dahin gehend immer wieder Gedanken in ihrem Kopf.

Wie ist dein derzeitiger Gesundheitszustand?
Ich bin total gesund.

In welcher Weise wurdest du mit der Krankheit konfrontiert?
Ich habe in drei unterschiedlichen Zeitschriften über den alarmierenden Anstieg von Darmkrebserkrankungen gelesen. Seitdem beschäftigt mich das sehr.

Fragetechnik 4: Krankheit

Wie reagierst du (Gedanken, Emotionen, Verhalten) auf diese Konfrontation?
Gedanken: Hoffentlich bekomme ich keinen Darmkrebs. – Emotion: Ich habe Angst. – Verhalten: Ich informiere mich im Internet über Darmkrebs.

Was sagt deine Reaktion über dich aus?
Meine Reaktion sagt mir, dass das Thema nicht spurlos an mir vorübergegangen ist. Ich fange an, negative Gedanken und Emotionen zu produzieren. Vielleicht hatte ich die Angst auch schon vorher und durch die Konfrontation mit den Zeitschriften wurde mir das jetzt bewusst.
Es ist wichtig, dass ich diese negativen Gedanken abstellen kann, denn sonst produziere ich mir erst recht einen Darmkrebs.

Kannst du dir deine Reaktion erklären?
In meiner Familie gab es zwei Personen, die an Darmkrebs erkrankt und inzwischen verstorben sind. Das ist jetzt schon ein Jahr her, und so nah waren mir diese Personen nicht. Aber vielleicht hat mich das unbewusst doch mehr beschäftigt, als ich dachte.

Wie lautet dein Lösungsvorschlag für dich?
Da ich nicht glaube, dass ich meine Angst wirklich abstellen kann, werde ich mich einer Darmspiegelung unterziehen. Wenn ich dann ohne Befund bin, kann ich mich beruhigen und das Thema loslassen.

Zum Thema Krankheiten und Ängste vor Krankheiten führe ich noch ein paar Beispiele an, damit auch diese Fragetechnik für dich verständlicher wird.

3. Wenn die Zähne aus der Reihe tanzen

Ruth ist 52 Jahre alt. Sie war immer stolz auf ihre geraden und schönen Zähne. Seit einem halben Jahr verschieben sich ihre Zähne enorm, sie tanzen förmlich aus der Reihe. Wenn sie sich ihre Zähne anschaut, fallen ihr automatisch die Worte »Zähne zeigen«, »sich wehren«, »Zähne sind Waffen« und »in Reih und Glied stehen« ein.

Worum genau geht es?
Meine Zähne tanzen aus der Reihe.

Tust du das auch in deinem Leben?
Nein, ich bin eher angepasst.

Hast du es in der Vergangenheit getan?
Auch in der Vergangenheit war ich eher angepasst.

Tust du vielleicht das Gegenteil von dem, was deine Zähne dir zeigen, und bist du zu extrem darin?
Ja, ich bin ziemlich angepasst, einige bezeichnen mein Verhalten als extrem.

Fragetechnik 4: Krankheit

Würdest du das gerne einmal tun – aus der Reihe tanzen?
Ja, das würde ich gerne öfter tun. In meiner Ehe fühle ich mich oft total eingeengt. Ich habe so viele Interessen, aber mein Mann hat kein Verständnis dafür, und so gehe ich ihnen nicht nach. In Wahrheit macht mich das sehr unzufrieden, aber ich kann mich nicht gegen ihn wehren. Er ist so herrisch, und ich will ihn nicht erzürnen. Somit passe ich mich ihm an.

Hat sich in der Vergangenheit schon einmal jemand dir gegenüber *so verhalten?*
Nein, da fällt mir keiner ein.

Hat sich in der Vergangenheit schon einmal jemand anders gegenüber einem anderen *so verhalten, und wie hast du das erlebt?*
Bei uns zu Hause hatte mein Großvater immer das Sagen. Meine Eltern, meine fünf Geschwister und ich wohnten in seinem Haus. Wir waren froh, ein Dach über dem Kopf zu haben, denn mein Vater war oft krank und viele Jahre arbeitslos. Großvater war sehr dominant. Wer in seinem Haus lebte, musste tun, was er wollte, das war wie ein Gesetz. Meine Eltern haben sich nie gewehrt und wir Kinder auch nicht. Ich kann mich heute noch nicht wehren.

Was erkennst du für dich?
Meine Zähne tun das, was ich mir nicht gestatte, sie tanzen aus der Reihe. Dabei bin ich diejenige, die so gerne

öfter aus der Reihe tanzen würde. In unserem Freundeskreis haben sich im letzten Jahr schon ein paar Ehepaare scheiden lassen. Ich habe immer noch Kontakt zu den Frauen. Bei unseren Treffen schwärmen sie mir immer vor, was sie jetzt alles so unternehmen und wie viel Freude sie dabei empfinden. Dadurch wird mein unterdrückter Wunsch immer wieder angestachelt, und dies wird mir jetzt durch die Schiefstellung meiner Zähne ganz deutlich gezeigt. Ich möchte mich nicht scheiden lassen, aber ich will auch nicht mehr immer nach der Pfeife meines Mannes tanzen. Wenn er mir vorschreibt, was ich zu tun und zu lassen habe, dann muss ich endlich einmal Zähne zeigen und mich wehren.

4. Was der Brustkrebs erzählen kann

Sophie erzählt: »Ich habe Brustkrebs. Krebs ist für mich etwas Zerstörerisches. Krebs ist egoistisch. Eine Krebszelle denkt nur an sich. Ein Krebstumor ist hart. Die Brust steht für mich für Weiblichkeit, Weichheit, Nachgiebigkeit, Herzenswärme, Sexualität, Mütterlichkeit, Geborgenheit. Und nun wächst also etwas Hartes, Egoistisches und Zerstörerisches in so einer weichen Brust.«

Worum genau geht es?
Darum, hart, egoistisch und zerstörerisch zu sein.

Fragetechnik 4: Krankheit

Bist du so in deinem Leben?
Egoistisch, zerstörerisch und hart? Nein, so sehe ich mich überhaupt nicht. Es wäre natürlich spannend, zu erfahren, wie andere mich sehen, aber ich sehe mich nicht so. Wenn ich den Bereich Brust meinem Leben zuordnen würde, dann beträfe es die Themen Liebesbeziehungen, Sexualität und Geborgenheit. Nein, in den Bereichen bin ich nicht so.

Warst du in der Vergangenheit so?
Nein.

Bist du vielleicht das Gegenteil davon und zu extrem darin?
Ich bin sicher viel zu nachgiebig in meiner Liebesbeziehung zu einem Mann. Er ist gebunden, und ich gebe mich seit Jahren mit der Rolle der Geliebten zufrieden. Ich tue so, als ob ich zufrieden wäre, aber in Wirklichkeit bin ich völlig unzufrieden. Ich will mehr, aber ich habe Angst, dass, wenn ich mehr fordere, er dann geht. Also bin ich hier ganz klar nicht egoistisch genug, sondern aus meiner Bedürftigkeit heraus viel zu nachgiebig.

Gleichzeitig bin ich hart gegen mich selbst, indem ich mir nicht gestatte, meine Bedürfnisse zu befriedigen. Und manchmal habe ich sehr zerstörerische Gedanken und bin unheimlich wütend. Da würde ich am liebsten alles zerstören, auch seine Ehe, damit meine Unzufriedenheit endlich ein Ende hat. Aber natürlich schweige ich und lebe das nicht aus, denn dann würde ich bei ihm in Ungnade fallen, und das will ich auf keinen Fall.

Wärst du gerne zerstörerisch und nicht unterwürfig?
Der Teil in mir, der sich von dieser Abhängigkeit befreien will, wäre gerne so. Aber der Teil in mir, der Angst davor hat, ihn zu verlieren, ist größer als der Mut, mich zu befreien.

Hat sich in der Vergangenheit schon einmal jemand dir gegenüber *unterwürfig verhalten?*
Nein, da fällt mir niemand ein.

Hat sich in der Vergangenheit schon einmal jemand anders gegenüber einem anderen *so verhalten? Und wie hast du das erlebt?*
Was mir jetzt dazu einfällt, ist, dass meine Mutter, einige meiner Tanten und viele Frauen aus der Nachbarschaft sich ihren Männern total untergeordnet haben. Sie waren alle viel zu unterwürfig. Meist hatten sie gar keine eigene Meinung und haben nie eigene Bedürfnisse oder Wünsche geäußert. Das hat mich damals schon gestört, und ich konnte das nicht verstehen. Im Grunde habe ich das Gleiche getan, das wird mir erst jetzt so richtig bewusst. Vielleicht hatten sie auch alle nur Angst, ihre Männer zu verlieren. Vielleicht meinten sie, sie müssten so sein, um mehr geliebt zu werden.

Was erkennst du für dich?
Der Krebs zeigt mir, wie bedürftig ich bin. Ich muss mein Verhalten in meiner Beziehung genauer betrachten. Warum gebe ich mich mit der Position der Geliebten

zufrieden, warum bin ich mir selbst nicht mehr wert? Ich möchte doch einen Mann an meiner Seite, der stolz und glücklich ist, mein Partner zu sein. Aber bevor ich so einen Mann in mein Leben ziehen kann, muss ich von mir denken, dass ich eine tolle Frau und sehr wertvoll für einen Partner bin. Wenn ich mich wertschätze, kann ich ohne Schmerz jeden Mann wegschicken, der mich nicht wertschätzen kann.

Ich werde mir jetzt fachkundige Hilfe holen, denn ich glaube kaum, dass ich die Bearbeitung meiner Themen allein bewerkstelligen kann. Ja, das fühlt sich jetzt sehr gut an für mich.

5. Eine Zyste am Eierstock

Kathrin leidet unter Schmerzen im Unterleib, die durch eine Zyste im rechten Eierstock verursacht werden. Die Eierstöcke stehen für sie für Fortpflanzung, Sexualität und Partnerschaft. Sie sagt: »Normalerweise reift ein Follikel heran, und wenn er die richtige Größe hat, geht er auf, und die Eizelle ›entspringt‹. Bei mir ›springt‹ aber nichts, sondern es bildet sich eine Zyste, die sich mit Blut füllt. Dadurch gerät der Hormonhaushalt durcheinander, weil kein Gelbkörperhormon freigesetzt wird. Die Zyste bläht sich auf, wird immer größer und bereitet mir Schmerzen. Irgendwann platzt die Zyste und blutet aus. Erst danach geht es mir wieder besser, ich fühle mich dann wesentlich entspannter.«

Worum genau geht es?
Darum, nicht zu springen, sich nicht zu trauen, sich zurückzuhalten.

Tust du das auch?
Ja, das passt, ich bin in vielen Dingen so zögerlich geworden. Ich habe so viele Pläne im Kopf, aber ich setze sie nicht um. Stattdessen werde ich immer träger, und meine Laune wird immer schlechter. Es fällt mir sehr schwer, etwas in die Tat umzusetzen, lieber kneife ich, vor allem in den letzten Jahren war das so. Ich blockiere mich damit selbst und füge mir Schmerzen zu. Das geht so lange, bis ich es nicht mehr aushalte, dann platze ich, und erst dann lege ich los.

Tust du das Gegenteil von »nicht springen, sich nicht trauen« und bist du vielleicht zu extrem darin?
Nein.

Hast du in der Vergangenheit so gehandelt?
Nein, ich war früher eher ein spontaner Mensch, manchmal zu spontan.

Hat sich in der Vergangenheit schon einmal jemand dir gegenüber so verhalten?
Mein Mann ist nicht gerade sehr mutig und in einigen Bereichen sehr unklar und unentschlossen. Das ist sehr anstrengend für mich, besonders wenn es um die Themen Partnerschaft und Kinderwunsch geht. Ich wünsche

mir, dass er sich in dieser Hinsicht klarer wäre und auch eindeutig Stellung beziehen würde. Jetzt fällt mir auch auf, dass das Thema Kinderwunsch natürlich total passend zum Symptomort ist. Das Thema Kinderwunsch ist ein Konfliktthema, denn ich weiß gar nicht genau, ob ich noch ein Kind möchte oder nicht. Darum will ich wahrscheinlich, dass mein Mann sich in der Hinsicht klarer ist. Er spiegelt mir meine Unklarheit.

Hat sich in der Vergangenheit schon einmal jemand anders gegenüber einem anderen so verhalten?
Nein, das wüsste ich jetzt nicht.

Was erkennst du für dich?
Ich habe mich in den letzten Jahren zu sehr durch das Verhalten meines Mannes beeinflussen lassen. Es fällt mir schwer, mich spontan zu entscheiden, wenn mein Partner ständig hin und her überlegt. Ich bin schon genauso unentschlossen wie er.
Ich möchte zurückfinden zu meiner Spontanität und zu meinem Mut. Ich will das Thema Kinderwunsch für mich klären und nicht abwarten, bis mein Mann sich entschieden hat. Das gilt auch für andere Themen.
Ich weiß genau, dass ich meinen Mann mit meiner Entschlusskraft mitreißen kann, und er weiß, dass ich selten falsch liege mit meinen Aktionen. Vielleicht vermisst er mein Temperament sogar, denn damit hat er mich damals kennengelernt und damit habe ich ihm gefallen. Somit hat er mir meine eigene Unentschlossenheit zum

Thema Kinderwunsch gespiegelt. Und genau das spiegelt mir auch meine Zyste.

6. Sabine und ihre unbewusste Angst, den Krebs nicht zu überleben

Wie ist Sabines Gesundheitszustand derzeit?
Bei Sabine wurde Darmkrebs diagnostiziert.

Auf welche Weise wird sie mit der Krankheit konfrontiert?
Aufgrund chronischen Durchfalls wurde bei Sabine eine Darmspiegelung durchgeführt. Dabei wurde Darmkrebs nachgewiesen. Daraufhin erstellten die Ärzte einen Therapieplan und empfahlen ihr eine Operation und die anschließende Chemotherapie. Sabine glaubt an alternative Heilmethoden und war sich zuerst unsicher, welche Therapieform sie wählen soll.
Sie entschied sich schließlich für die Operation. Diese wird erfolgreich durchgeführt. Im Anschluss bespricht sie mit den Ärzten die bevorstehende Chemotherapie und vereinbart hierzu den ersten Termin. Inzwischen hat sie sich innerlich schon für eine alternative Methode und gegen die Chemotherapie entschieden, aber dies teilt sie den Ärzten nicht mit. Die Ärzte gehen also davon aus, dass sie zum vereinbarten Termin erscheinen wird.

Wie reagiert Sabine auf die Konfrontation mit der Chemotherapie?
Gedanken: Ich glaube, ich schaffe es auch mit alternativen Heilmethoden. – Emotion: Ich bin sehr zuversichtlich. – Verhalten: Sie redet nicht offen mit den Ärzten über ihre Ablehnung der Chemotherapie.

Wie die Geschichte weitergeht
Nachdem sie zum vereinbarten Termin nicht erscheint, meldet sich ihr behandelnder Arzt telefonisch bei ihr. Er fragt nach, warum sie nicht zum vereinbarten Termin erschienen sei. Als sie ihm dann sagt, dass sie die Chemotherapie nicht durchführen lassen will und sich für alternative Heilmethoden entschieden hat, bekundet der Arzt: »Sabine, das ist ein Fehler, Sie können es ohne Chemotherapie nicht schaffen.«

Wie reagiert sie auf diese Konfrontation?
Sie bleibt bei ihrer Meinung, teilt ihm diese mit und beendet das Gespräch. Nach dem Telefonat ist sie sehr aufgewühlt und wütend auf den Arzt. Sie reagiert wie folgt:

Gedanken: Was bildet er sich eigentlich ein, mich anzurufen und mir so etwas zu sagen! Woher will dieser Arzt denn wissen, was richtig für mich ist? Wie kann er es wagen, mir zu sagen, dass ich es nicht schaffe! – Emotion: Wut. – Verhalten: Sie ruft ein paar Freundinnen an und beschwert sich über das Verhalten des Arztes.

Was sagt Sabines Reaktion über sie aus?
Ihre Reaktion ist ein Hinweis auf eine große Unsicherheit in Bezug auf ihre Entscheidung. Es steckt wahrscheinlich eine unbewusste Angst in ihr, dass die von ihr gewählte Therapieform vielleicht nicht ausreicht, um völlig gesund zu werden.

Warum ist das so?
Wenn sie sich mit ihrer Entscheidung innerlich ganz sicher fühlen würde, dann hätte sie nicht so aufgewühlt und wütend auf den Anruf des Arztes reagiert. Ihre Reaktion hätte je nach Größe der Angst ungefähr folgende sein können:

- Gar keine Angst: Sie hätte den Anruf wohlwollend betrachtet: »Lieber Herr Doktor, ich danke Ihnen für Ihre Fürsorge, aber ich habe mich für einen anderen Weg entschieden. Ich bin mir bezüglich meiner Entscheidung ganz sicher.« Hier muss man noch hinzufügen, dass sie in diesem Fall auch das Gespräch mit dem Arzt hierüber nicht vermieden hätte. Es wäre ihr egal gewesen, was er zu ihrer Entscheidung sagt oder was er darüber denkt. Sie hätte nicht abgewartet, bis er sie anruft, sie hätte von sich aus angerufen und ihm Bescheid gesagt.

- Wenig Angst: Sie hätte den Anruf immer noch wohlwollend betrachtet: »Lieber Herr Doktor, ich danke Ihnen für ihre Fürsorge. Ich habe lange darüber nachgedacht, aber jetzt bin ich mir sicher. Ich entscheide mich für die alternative Heilmethode und gegen die Chemotherapie.« Er: »... Sie können das nicht schaffen ...« Sie: (relativ entspannt) »Ja, das könnte sein, aber ich fühle trotzdem, dass meine Entscheidung für mich die richtige ist.«

- Viel Angst: Kritisierende Gedanken zum Anruf wie oben im Beispiel.

Je größer die Angst, umso mehr Aufregung gibt es um den Anruf. Wahrscheinlich ist auch, dass das Bedürfnis sehr groß wird, anderen Personen davon zu berichten, um (bewusst oder unbewusst) deren Bestätigung für den eigenen Unmut zu erhalten, ebendamit man sich wieder sicherer fühlen kann.

Kann sie sich ihre Reaktion erklären?
Hier sagt sie: »Nein, erklären kann ich mir meine Reaktion nicht, aber ich bin erstaunt über das, was meine Reaktion über mich aussagt. Es wird mir langsam bewusst, dass ich doch Angst habe. Irgendwie habe ich die Angst stark verdrängt. Gut, dass ich sie jetzt wahrnehmen kann.«

Wie lautet ihre Lösung für sich?
»Ich werde mich mit meinen Ängsten auseinandersetzen, damit sie nicht weiterwirken können. Ich erkenne, dass ich nicht auf die schulmedizinische Behandlung verzich-

ten kann, wenn ich nicht wirklich sicher bin, dass ich sie nicht brauche. Hier muss ich erneut meine Möglichkeiten abwägen und gegebenenfalls neu entscheiden.«

Zusammenfassung

Anhand der Beispiele kannst du sehen, wie ein paar gezielte Fragen jede Menge Bewusstwerdung in Gang setzen. Es ist tatsächlich möglich, dass durch die Bewusstwerdung mittels der Spiegeltechnik ein Krankheitssymptom vollständig verschwindet. Dies habe ich schon bei mir selbst und bei vielen meiner Klienten erlebt. Es kann aber auch sein, dass durch die Fragetechnik ein Prozess in Gang gesetzt wird, bei dem jedoch zur vollständigen Heilung weitere fachkundige Hilfe erforderlich ist. Ob ein Arzt gebraucht wird, ein ganzheitlicher Heiler oder andere Heiltechniken zum Einsatz kommen müssen, kann man nicht pauschal sagen. Es gibt so viele verschiedene Wege zur Heilung, auf die ich in diesem Buch jedoch nicht eingehen kann.

Hierin geht es in erster Linie um Erkenntnis, und in diesem Abschnitt um die Spiegelung der Krankheitssymptome und um die Aufdeckung der Angst vor einer Krankheit. Wie man mit dieser Angst sinnvoll umgehen kann, darüber gibt es viele Bücher auf dem Markt, ebenso viele Therapeuten, deren Aufgabe es ist, Menschen darin zu unterstützen, Ängste zu überwinden (und vielleicht gibt es auch irgendwann darüber ein Buch von mir).

Wichtig
Ich möchte noch auf eine mögliche »Nebenwirkung« der Psychosomatik hinweisen. Wenn du glaubst, dass jedes unerkannte und unerlöste seelische Problem automatisch ein körperliches Symptom erschafft, dann wird es so sein! Auch das ist Schöpfung. Mit so einer Überzeugung erschaffst du dir eine Erkrankung nach der anderen. Du kannst auch jede Menge Erkenntnisse haben, ohne deshalb zu erkranken!

Fragetechnik 5:
Spiegelung in Form von Antworten und Zeichen auf unsere Fragen und Gebete

Einleitend möchte ich dir eine Geschichte erzählen: Ein gläubiger Mann wohnt in einem Dorf, das eines Tages aufgrund eines Deichbruchs überflutet wird. Das Wasser steigt schnell an, und die Bewohner des Dorfes können sich nur dadurch retten, dass sie auf die Dächer ihrer Häuser steigen. Auch der gläubige Mann steigt auf das Dach seines Hauses. Dann kommen Helfer in kleinen Rettungsbooten und retten die Flutopfer. Als auch er gerettet werden soll, sagt er: »Fahrt ruhig weiter, Gott rettet mich, denn ich glaube an ihn.« Daraufhin fahren die Boote weiter. Das Wasser steigt immer höher, sodass der gläubige Mann auf den Schornstein seines Hauses klettern muss, um nicht zu ertrinken. Bald darauf kommen noch ein paar Helfer in einem großen Boot vorbei, um diejenigen zu retten, die noch nicht mit den kleinen Booten in Sicherheit gebracht werden konnten. Sie kommen auch zu ihm, doch er sagt erneut: »Fahrt ruhig

weiter, ich glaube an Gott, er hilft mir.« So fährt auch das große Boot weiter. Das Wasser steigt weiter an und schließlich so hoch, dass der gläubige Mann sich auf seinem Schornstein auf Zehenspitzen stellen muss. Dann kommt ein Hubschrauber herangeflogen. Die Besatzung wirft ein Seil herunter und ruft ihm zu: »Nimm das Seil, wir retten dich!« Doch er antwortet: »Nein, fliegt ruhig weiter, denn Gott hilft mir, und ich vertraue ihm.«
Schließlich ertrinkt der gläubige Mann. Als er wenig später vor Gott steht, beklagt er sich: »Ich bin so enttäuscht von dir, denn ich habe so fest an dich geglaubt, aber du hast mich im Stich gelassen.« Da erwidert Gott: »Du arme Seele! Da schicke ich dir kleine Boote, ein großes Boot und schließlich sogar einen Hubschrauber – alles nur, um dich zu retten. Aber wenn du meine Zeichen nicht siehst, dann kann auch ich dir nicht helfen!«

Ich mag diese Geschichte sehr, denn sie ist so einfach und klar. Gott (welche Vorstellung du auch immer von diesem Begriff haben magst) hilft dir immer. Er beantwortet all deine Fragen, nimmt Stellung zu deinen Gebeten und gibt dir Zeichen. Genau wie in der Geschichte kommt die Hilfe oft auf direktem und materiellem Weg zu dir. Sie wird dir in der Welt gespiegelt wie alles andere auch. Du musst nur lernen, sie zu sehen. Wie gelingt dir das am besten? Nutze dein alltägliches Leben als Lehrmaterial. Lenke deine Aufmerksamkeit auf das Außen, erwarte, dort die Antwort zu sehen, und schon wirst du sie sehen.

Fragetechnik 5: Zeichen

Viele Menschen sehen diese Antworten im Alltag nicht, weil sie gar nicht erwarten, sie zu sehen. Einige Menschen gehen lieber nach innen, um Antworten zu suchen. Sie meditieren oder finden andere spirituelle Wege. Auch das ist hilfreich. Natürlich gibt es auch die Möglichkeit (wenn man seiner eigenen Wahrnehmung nicht vertraut), andere Menschen zu befragen, etwa Medien, Channels, Kartenleger, Berater, Freunde usw. Alles hat seine Berechtigung, jeder – auch du – kann seinen Weg finden.

An dieser Stelle möchte ich auch auf eine mögliche Gefahr hinweisen, die mit dem bereits erläuterten Gesetz »Geist erschafft Materie« zusammenhängt. Wenn ich glaube, dass ich Zeichen bekomme, dann bekomme ich sie natürlich auch. Je mehr ich mich damit gedanklich beschäftige, desto mehr Zeichen bekomme ich. Gleichzeitig werden mir aber auch ständig meine eigenen Gedanken in der Welt gespiegelt. Wie kann ich nun unterscheiden, was hilfreiche Zeichen von meinem oder einem höheren Selbst und was nur Materialisierungen meiner angstvollen Gedanken sind? Achte auf dein Gefühl, das mit dem Zeichen einhergeht. Ein Zeichen »von oben« oder »von innen« macht keine Angst. Es ist sicher und klar.
Man kann dieses Gefühl auch mit »Intuition« beschreiben. Intuition ist ein tiefes Wissen ohne Gegenteil, es ist so, wie es ist. Eine Emotion dagegen ist eine Reaktion auf einen Gedanken und somit das Resultat meiner Bewertung.

Zur Verdeutlichung hier ein Negativbeispiel: Marianne sitzt vor dem Fernseher und schaut Nachrichten. Dort wird von Klimawandel, Arbeitslosigkeit und der Schweinegrippe berichtet. Anschließend fährt sie mit ihrem Auto in die Stadt. Vor ihr fährt ein Auto mit einem Aufkleber, auf dem ein Schwein zu sehen ist. Sie fühlt sich auf einmal ganz schlecht und denkt: »Ich bin ein Schwein, ich vergifte mit meinem Auto die Umwelt. Das ist bestimmt ein Zeichen, und wenn ich nicht aufhöre, werde ich bestimmt bestraft – vielleicht durch einen Unfall.« Sie fährt weiter und kommt an einer Apotheke vorbei, in deren Schaufenster eine Aufforderung zur Grippeimpfung hängt. Wie automatisch denkt sie: »Das ist ein Zeichen für mich. Ich muss mich impfen lassen, sonst erkranke ich bestimmt an Schweinegrippe. Ja, darum auch der Schweineaufkleber auf dem Auto, das vor mir gefahren ist.« Sie fährt weiter und sieht am Straßenrand einen Penner sitzen. Wieder denkt sie total negativ: »Das ist ein Zeichen für mich, ich werde arbeitslos.« …

Offensichtlich handelt es sich bei den »Zeichen« in diesem Beispiel nicht um die Art von Zeichen, über die ich in diesem Kapitel sprechen möchte. Vielmehr sind es die Auswüchse von Mariannes Ängsten, die sie irgendwann, vielleicht auch während des Fernsehens, erschaffen hat. Diese Gedanken spiegeln sich anschließend in ihrem Alltag. Hier wäre es wichtig, dass sie zu sich selbst »Stopp!« sagt und sich eingehend mit ihren Gedankengängen beschäftigt. (Etwa: Was denke ich über den Kli-

mawandel? Was kann ich tun? Was denke ich über die Schweinegrippe? Was macht es mit mir, wenn ich mir die Nachrichten anschaue? Macht es mir Angst? Glaube ich, dass eine Impfung erforderlich ist? Was denke ich über meinen Arbeitsplatz? Mache ich mir Sorgen?)
Es täte Marianne bestimmt gut, ihre Reaktionen auf die scheinbaren Zeichen als Hinweis darauf zu nehmen, dass sie sich mit ihrem Denken auseinandersetzen und es von seiner Negativität befreien sollte.

Zur Fragetechnik
Um Antworten oder Zeichen zu sehen, bedarf es keiner komplizierten Fragetechnik. Du musst lediglich die Geschehnisse in der Gegenwart betrachten und dich fragen: »Was hat das mit mir zu tun?« Und schon weißt du es.

Ich führe nachfolgend einige hilfreiche Beispiele zu diesem Thema an. Ich bin sicher, dass du in deinem Leben schon das eine oder andere Zeichen bekommen hast. Vielleicht bekommst du durch das Lesen der Beispiele auch Lust darauf, in Zukunft vermehrt auf Zeichen in deinem Leben zu achten, denn das kann dein Vertrauen in deine dir innewohnende weise Führung ungemein stärken.

1. Eine leichte Businesstasche

Ich bin beruflich immer viel unterwegs und nutze für den Transport meiner Unterlagen gerne sogenannte Businesstaschen. In meinem Schrank liegen bestimmt vier solcher Taschen aus Leder, aber fast immer habe ich eine bestimmte Tasche benutzt, die aus ganz leichtem Material gefertigt ist. Diese Tasche war ein Werbegeschenk mit Werbeaufdruck und alles andere als schön. Eines Tages entschloss ich mich, mir eine schöne neue Tasche zu kaufen, die ebenso praktisch und leicht sein sollte wie die mit dem Werbeaufdruck. Ich ging also in einen Laden und schaute mir die Taschenauswahl an. Es gab sehr schöne Taschen, und ich achtete nur auf ihre Schönheit. Ich hatte mir schon eine Tasche ausgesucht und war auf dem Weg zur Kasse, da begegneten mir zwei Frauen, die sich miteinander unterhielten. Als wir auf gleicher Höhe waren, sagte die eine zur anderen: »… achte auf das Material, du willst doch eine leichte Tasche haben …« Das war mein Hinweis, mein Zeichen. Ich hatte den Aspekt der Leichtigkeit bei meiner Auswahl überhaupt nicht berücksichtigt. Ich ging also zurück in die Taschenabteilung und suchte eine Verkäuferin. Der erzählte ich dann von meinem Wunsch, woraufhin sie mich zu einer Sonderserie von Taschen führte, die mir vorher noch gar nicht aufgefallen war. Diese Taschen waren alle aus dem gleichen Material wie meine Werbetasche.

2. Kuchen für einen Freund

Auf meinem Weg zur Arbeit wollte ich einmal einem Freund eine Freude machen und ihm Kuchen vorbeibringen. Er arbeitete in einem Büro, und einige seiner Kollegen kannte ich auch. So entschloss ich mich, nicht nur für ihn, sondern auch für seine Kollegen Kuchen zu besorgen. »Wie viele Mitarbeiter sind jetzt wohl insgesamt da?«, überlegte ich. Dabei drehte ich mich um und sah vier Müllmänner am Straßenrand zusammenstehen. Also vier! Ich ging in die nächste Bäckerei, kaufte vier Stück Kuchen und suchte das Büro meines Freundes auf. Es waren insgesamt vier Personen anwesend.

3. Ruhe oder Discobesuch?

Einmal war ich sehr angetan von einem Mann, den ich meistens in einer Diskothek beim Tanzen sah. Ich habe mich immer darauf gefreut, ihn zu sehen. Eines Tages war ich nach der Arbeit zu Fuß auf dem Weg nach Hause. Mein Weg führte mich direkt durch die Stadt. Ich fühlte mich total müde, und mir war mehr nach einem ruhigen Abend auf dem Sofa als nach einem Discobesuch. Aber wenn er da sein würde, dann würde ich natürlich in die Disco gehen wollen. Würde er da sein? Während ich so meinen Gedanken nachhing, lief ich an ein paar Personen vorbei, die sich miteinander unterhielten. Gerade als ich vorbeiging, sagte eine der Personen: » … die sind ja übers Wochenende verreist …« Ich spürte, diese Worte waren mein Zeichen, dass er nicht da sein würde. Ich blieb zu Hause und machte es mir bequem. Ein paar Tage später erfuhr ich dann, dass er tatsächlich verreist und an besagtem Abend nicht in der Disco gewesen war. Das war nun zwar nicht mehr so wichtig, aber ich lernte dadurch, meiner Intuition zu vertrauen.

4. Das passende Geburtstagsgeschenk

Sonja suchte ein Geburtstagsgeschenk für einen Freund und hatte keine Geschenkidee. Sie ging in ein Kaufhaus und lief etwas planlos darin umher. Da unterhielten sich neben ihr ein paar Jugendliche über die neue CD von Peter Maffay, und plötzlich wusste sie, dass diese CD genau das richtige Geschenk für ihren Freund sein würde. Sie hatte ganz vergessen, dass er ein totaler Fan von dem Sänger ist. Sie kaufte die CD, und das Geschenk kam bei ihrem Freund natürlich sehr gut an.

5. Die Begegnung mit einer Alkoholikerin als heilsamer Schock

Vor ein paar Jahren traf ich mich mit einer lieben Freundin in einem Kurort. Es ging ihr nicht gut, denn sie litt an den Folgen einer zerbrochenen Liebesbeziehung. Sie hatte stark abgenommen, und auf meinen Vorschlag, etwas essen zu gehen, erwiderte sie:»Nein, lieber nicht, ich muss mich anschließend meistens übergeben. Ich kann gar nichts mehr essen.« Also gingen wir stattdessen an einem See spazieren und sprachen über ihre Erlebnisse

Fragetechnik 5: Zeichen

in der Beziehung. Der Weg entlang dem See war sehr idyllisch, und viele Parkbänke luden die Spaziergänger zum Ausruhen ein. So setzten auch wir uns auf eine Bank.

Kurz darauf kam eine sichtbar angetrunkene Frau auf ihrem Fahrrad herangefahren. Als sie auf unserer Höhe war, fiel ihr ein Tetrapak Wein vom Fahrrad. Sie hielt an und hob den Wein auf, sah uns an und fragte, ob sie sich zu uns setzen dürfe. Obwohl sie angetrunken war, unangenehm roch und ungepflegt aussah, gab ich ihr spontan meine Zustimmung. Meine Freundin wunderte sich über meine Reaktion, aber ich flüsterte ihr zu: »Wer weiß schon, wofür es gut sein wird? Nichts geschieht ohne Grund.«

Sie setzte sich zu uns und erzählte von ihrem Leben. Sie bot uns vom warmen Wein im Tetrapak an und von ihren Zigaretten. Sie erzählte uns von ihrem großen Traum, Menschen helfen zu können. Dann holte sie eine Pillendose aus ihrer Hosentasche hervor, öffnete sie, hielt sie meiner Freundin unter die Nase und fragte: »Ob das gut ist?« Dann bot sie uns auch von den Pillen an, aber ich lehnte dankend ab.

Meine Freundin war die ganze Zeit über auffallend still. Dann meinte die Frau: »Ich muss jetzt auch wieder los.« Sie ging zum Fahrrad, in dessen Korb ein frisch gepflückter Wiesenstrauß lag. Sie nahm ihn, hielt ihn meiner Freundin hin und sagte zu ihr: »Diese Blumen schenke ich dir, denn du hast Liebeskummer. Eigentlich sollten sie für meine Freundin sein, die krank im Bett liegt, aber du siehst so traurig aus in deinem Liebeskummer.« Obwohl wir darüber kein Wort verloren hatten, hatte sie den Nagel auf den Kopf getroffen. Dann stieg sie auf ihr Fahrrad und fuhr davon.

Meine Freundin beschrieb das, was ihr während der Begegnung mit dieser Frau durch den Kopf gegangen war, mit folgenden Worten: »Mich traf fast der Schlag, als sie mir die Tabletten unter die Nase hielt, denn es waren Bromazanil und Lexotanil, zwei Psychopharmaka. Ich nehme seit der Trennung die gleichen Tabletten und trinke ebenfalls jeden Abend Wein. Jetzt weiß ich, dass ich sofort damit aufhören muss, sonst lande ich dort, wo sie gelandet ist, nämlich ganz tief unten!« Wir gingen anschließend zum Essen, und meine Freundin konnte wieder mit Appetit essen, ohne dass ihr danach schlecht wurde. Im Geiste dankten wir der Frau für ihre Hilfe und wünschten, sie würde wissen, dass sich ihr Traum vom Helfen schon erfüllt hatte.

6. Ein Happy End in Sachen Liebe

Sandra war völlig verzweifelt, weil ihr Freund die gemeinsame Beziehung beendet hatte. Sie wusste gar nicht genau, warum er das getan hatte. Darüber grübelte sie viel nach. Sie fragte sich ständig, wie es ihm wohl inzwischen gehe und ob es sich lohnen würde, ihn noch einmal anzurufen. Vielleicht würde sich alles wieder einrenken lassen.

Sie schaltete den Fernseher ein, und dort lief ein Film mit folgender Handlung: Eine Frau ist ganz verzweifelt, weil ihr Freund die Beziehung beendet hat. Sie überwindet sich, ruft ihn an und bittet um ein klärendes Gespräch. Er willigt ein, und im Gespräch wird klar, dass er sich durch eine ihrer Handlungen in seinem Stolz verletzt fühlt. Im Film gibt es ein Happy End.

»Vielleicht ist das mein Zeichen«, dachte sich Sandra. Sie überwand ihren Stolz und rief ihren Freund an. Im Verlauf des Telefonats stellte sich heraus, dass er nur eifersüchtig war. Sie konnten das Problem klären, und auch hier gab es ein Happy End.

7. Der neue Job

Eines Tages besuchte mich eine andere gute Freundin. Wir machten uns zu Fuß auf den Weg zum örtlichen Eiscafé und unterhielten uns unterwegs über unsere Jobs, über Männer, Wünsche, Träume usw. Sie erzählte mir, dass sie gerne den Wohnort und vielleicht auch den Job wechseln wolle, irgendwie solle sich ihr Leben verändern. Wir kamen am Eiscafé an und trafen dort auf eine flüchtige Bekannte von mir. Wir begrüßten uns, und auf die Frage, wie es ihr gehe, erzählte sie, dass sie voraussichtlich in Kürze den Job wechseln werde. Sie war wie meine Freundin als Arzthelferin tätig und nannte auch den Namen des neuen Arbeitgebers (ich nenne ihn der Einfachheit halber »Dr. X«). Der Vertrag sei noch nicht unterschrieben, aber sie rechne fest mit der neuen Anstellung.

Nachdem meine Bekannte sich verabschiedet hatte, sagte meine Freundin zu mir: »Die Frau ist echt zu beneiden, denn ich kenne Dr. X auch, der ist wirklich toll. Er hat schon ein paar Mal als Vertretungsarzt bei meinem derzeitigen Chef gearbeitet. Ich wusste gar nicht, dass er eine neue Mitarbeiterin sucht.«

Daraufhin meinte ich: »Vielleicht ist diese Begegnung das Zeichen für dich. Sie hat den Job noch nicht, der Vertrag ist ja noch nicht unterschrieben. Willst du den Job haben?« Sie erwiderte: »Ja, ich will ihn!« Meine Freundin rief noch am selben Abend bei Dr. X an. Dieser war sehr erfreut über ihren Anruf und bot ihr sofort einen Anstellungsvertrag an. So bekam sie den Job.

8. Ein Schmetterling als gutes Zeichen

Olaf hat herausgefunden, dass Schmetterlinge eine besondere Bedeutung für ihn haben. Immer wenn er sich an einem für ihn energetisch guten Ort befindet, sieht er Schmetterlinge umherfliegen. Dies ist inzwischen so oft geschehen, dass er das Auftauchen der Schmetterlinge als gutes Zeichen vom Himmel wertet. Sobald ihm Zweifel kommen, ob er an dem Ort, wo er sich gerade befindet, richtig ist, befragt er mittlerweile einfach den Himmel. Kommt ein Schmetterling – oder kommen mehrere – zu ihm geflogen, deutet er dies als ein Ja. Bleiben die Schmetterlinge aus, dann ist es ein deutliches Nein für ihn. Dies hat er schon ein paar Mal ausprobiert. Im Nachhinein haben sich seine Entscheidungen immer als richtig erwiesen.

9. Gönne dir doch Urlaub

Werner ist als selbstständiger Maler tätig. Seine Auftragsbücher sind voll. Einerseits freut ihn das sehr, andererseits führt es zu Spannungen innerhalb der Familie, denn er hat einfach zu wenig Zeit für Frau und Kinder. Seine Frau träumte von einem kleinen gemeinsamen Urlaub im Süden.
Werner überlegte hin und her, entschied sich jedoch aus Zeitgründen schließlich dagegen. Ein paar Tage später telefonierte er mit einer Kundin, für die er in der Woche darauf tätig sein würde. Anlass des Anrufs war die Besprechung der Farbenauswahl.
Völlig unerwartet sagte die Kundin mitten im Gespräch: »Sie können den Termin auch gerne nach hinten verschieben.« – »Wie kommen Sie jetzt darauf? Passt Ihnen der vereinbarte Termin nicht?«, fragte Werner. Daraufhin antwortete sie: »Doch, aber aus einem unerfindlichen Grund möchte ich Ihnen das gerade anbieten.« Werner spürte in dem Moment, dass das ein deutliches Zeichen für ihn war, den Urlaub doch anzutreten. Er nahm das Angebot dankend an und gönnte sich und seiner Familie einen schönen Urlaub.

Zusammenfassung

Solltest du wieder einmal eine Frage haben und nach einer Antwort suchen, wende dich doch mit deiner Aufmerksamkeit und Wahrnehmung einmal ganz bewusst nach außen. Schaue dir an, was es da zu sehen gibt! Und wenn dir etwas Ungewöhnliches oder Zufälliges im Leben begegnet, heiße es willkommen und überprüfe es daraufhin, ob es eine Botschaft für dich sein könnte. Bedenke dabei immer: Alles in Maßen, verliere dich nicht in Zeichen.

Fragetechnik 6:
Spiegeln von Lebenssituationen

Da wir in fast allen Lebenssituationen mit anderen Menschen zu tun haben, werden wir zum Spiegeln meistens die Fragetechniken 1 und 2 anwenden. Es ist jedoch auch möglich, Lebenssituationen direkt zu spiegeln, um auf diese Weise unsere inneren Einstellungen zu diesem Thema aufzudecken und unerwünschte Lebensumstände zu verwandeln.

Auch für die Spiegelung durch und an Lebensumständen gibt es eine einfache Fragetechnik, die auf alle Lebenssituationen anwendbar ist. Wieder sind es ein paar einfache Fragen, die gezielt zur Antwort führen.

Schritt 1
Zuerst ist es wichtig, die Lebenssituation zu benennen und vor allem aufzuschreiben. Hierfür solltest du dir ausführlich Zeit nehmen, denn es ist nicht sehr effektiv, die Fragen nur im Kopf durchzugehen.

Schritt 2:
Im zweiten Schritt fragst du dich dann ganz allgemein: »Warum erlebe ich das?« Anschließend beantwortest du dir folgende Fragen:

1. *Wenn ich an mein Thema denke, worauf richtet sich dann meine Aufmerksamkeit?*
2. *Was tue ich dafür bzw. dagegen? Welche Motivation bestimmt mein Handeln?*
3. *Worauf richtet sich aufgrund dieser Motivation meine Aufmerksamkeit?*
4. *Welche Folgen hat das?*
5. *Womit erschaffe ich diese Situation?*
6. *Welche Gedanken und Überzeugungen habe ich in Bezug auf mein Thema? Und warum denke ich so?*

Zum besseren Verständnis sogleich ein Beispiel:

1. Mareikes Kampf gegen die Pfunde

Schritt 1: Lebenssituation benennen
Mareike, 38 Jahre, fühlt sich zu dick. Bei einer Körpergröße von 1,65 Meter wiegt sie 72 kg. Ihr Wunschgewicht liegt bei 55 kg. Zusätzlich leidet sie zunehmend unter Cellulitis an den Beinen. Auch deshalb ist sie sehr unglücklich. Aus diesem Grunde geht sie dreimal in der Woche ins Fitnesscenter. Viel Spaß macht ihr der Sport nicht, aber sie glaubt, dass sie es tun muss, um abnehmen

Fragetechnik 6: Lebenssituationen

zu können. Zusätzlich kauft sie sich eine teure Creme zur Behandlung der Cellulitis. (Das Thema Ernährung, das bei jedem Menschen mit Gewichtsproblemen eine wichtige Rolle spielt, lasse ich bewusst weg, damit das Beispiel nicht zu kompliziert wird.)

Schritt 2: Sich die Fragen stellen
1. Wenn ich an mein Thema denke, worauf richtet sich dann meine Aufmerksamkeit?
Ich fühle mich dick und unattraktiv.

2. Was tue ich dafür bzw. dagegen? Welche Motivation bestimmt mein Handeln?
Handlung: Ich treibe Sport und verwende eine teure Creme. – Motivation: Ich will nicht dick sein und keine Cellulitis haben.

3. Worauf lenke ich meine Aufmerksamkeit mit dieser Motivation?
Ich fühle mich dick und unattraktiv.

4. Welche Folgen hat das?
Ich nehme noch mehr zu, und meine Cellulitis verschlimmert sich.

Warum eigentlich? Wenn wir uns an die Wirkung der Gesetzmäßigkeiten »Geist erschafft Materie« und »Gesetz der Resonanz« erinnern, wissen wir wieder, dass wir genau das erschaffen und in unser Leben ziehen, worauf wir unsere Aufmerksamkeit richten. Mareike fokussiert ihre Aufmerksamkeit die ganze Zeit auf das, was sie nicht will. Anstatt etwas zu bekämpfen, müsste sie ihre Aufmerksamkeit auf das verlagern, was sie will. So könnte sie bei gleicher Handlungsweise ein anderes Ergebnis erzielen. Wenn sie Sport treibt aus dem Antrieb heraus, nicht mehr dick zu sein, produziert sie »dick sein«. Betriebe sie jedoch Sport, um Spaß zu haben und sich fit zu fühlen, erschüfe sie genau das. Die Veränderung des Denkens bewirkt die sofortige Veränderung der Schöpfung. Also ist es sehr wichtig, dass Mareike vor dem Besuch im Fitnesscenter ihre Motivation überprüft und gegebenenfalls gedanklich verändert.

Ebenso verhält es sich mit dem Eincremen gegen die Cellulitis. Wenn sie ihre Beine eincremt, um die Cellulitis zu bekämpfen, erschafft sie die Verschlimmerung der Cellulitis. Würde sie sich eincremen mit der Motivation, etwas Gutes für ihre Beine zu tun, läge die Aufmerksamkeit bei dem Guten, und so erschüfe sie Gutes für ihre Beine.

Es klingt so einfach – es ist so einfach! Die meisten Menschen denken die meiste Zeit an das, was sie nicht wollen, und erschaffen sich so genau das, was sie nicht wollen. Wenn man diesen Mechanismus verstanden hat und fähig ist, ihn – natürlich in umgekehrter Weise – für sich zu nutzen, ist man wahrlich reich.

5. Womit erschaffe ich diese Situation?
Mit meinem Denken. Ich verschlimmere die Situation jeden Tag mit meinem Widerstand.

6. Welche Gedanken und Überzeugungen habe ich in Bezug auf mein Thema? Und warum denke ich so?
Gedanken/Überzeugungen zum Thema »dick sein«:
- Ich glaube, dass es schwer ist, mein Wunschgewicht zu erreichen.
- In meiner Familie neigen alle zu Übergewicht, diese Veranlagung habe ich bestimmt geerbt.
- Schlank zu sein ist echt schön!
- Ich befürchte, dass ich süchtig nach Süßigkeiten bin.
- Usw.

Gedanken/Überzeugungen zum Thema Cellulitis:
- Ich glaube, die Cellulitis wird immer schlimmer.
- Mit Cellulitis bin ich total unattraktiv.
- Bürstenmassagen tun mir echt gut.
- Ich muss viel Sport treiben, sonst wird es immer schlimmer.
- Usw.

Warum denke ich so?
Gute Frage, darüber habe ich noch nie nachgedacht. In Bezug auf meine Gewichtsprobleme bin ich sicher durch meine Eltern geprägt. Meine Mutter sagte oft: »Wir sind eben alle ein bisschen dicker in der Familie, das ist eben so. Das liegt an den Genen, darum klappt es bei dir mit dem Abnehmen nicht.«
Die Sucht nach Süßem erfahre ich, darum denke ich es. Je mehr ich es erfahre, desto mehr denke ich das. Oder ist es anders herum? Wenn Geist vor Materie steht, dann

muss der Gedanke zuerst gewesen sein. Folglich denke ich es und erfahre es deswegen. Je mehr ich es denke, desto öfter muss ich es erfahren.

Die Vorstellungen, dass ich unattraktiv sei und dass Sport und Creme Veränderung bewirken würden, sind wohl Prägungen durch meine Umwelt, hauptsächlich durch die Medien. Im Fernsehen sehe ich immer diese schönen, sportlichen Menschen. Erst jetzt wird mir klar, wie viele Gedanken ich täglich ungeprüft in mein Unterbewusstsein sinken lasse und wie sehr diese Gedanken mich beeinflussen.

Wenn wir in der beschriebenen Art mit unseren Glaubensmustern arbeiten wollen, müssen wir zuerst alle Glaubensmuster aufschreiben, die uns zu dem zu bearbeitenden Thema einfallen. Hierzu musst du eine gewisse Zeit einplanen, denn diese Übung ist nicht mit ein paar Sätzen getan. 40, 50, 60 oder mehr Glaubenssätze fallen einem schon ein, wenn man sich eingehend mit seinem Thema auseinandersetzt. Dabei geht es nicht nur um negative Überzeugungen, sondern du bist aufgefordert, alle Überzeugungen aufzuschreiben, die dir einfallen, auch die positiven.
Das hat mehrere Gründe. Zum einen fallen mir automatisch mehrere Sätze ein, wenn ich diese Übung aus dem Gefühl heraus durchführe. Wenn ich beim Schreiben überlegen muss, was positiv und was negativ ist, bin und

bleibe ich zu sehr im Kopf und blockiere den Fluss der Gedanken, sodass die tiefer sitzenden Überzeugungen gar nicht ans Licht kommen. Zum anderen ist es hilfreich, zu sehen, in welchem Verhältnis zueinander die positiven und die negativen Überzeugungen am Ende der Übung stehen. Ein weiterer Grund ist, dass ich im Verlauf der Übung die positiven Glaubenssätze noch verstärken möchte.

Es lohnt sich, seine Liste mit den aufgeschriebenen Glaubenssätzen eine paar Tage mit sich herumzutragen und sie immer wieder zu ergänzen. Wenn du dein Denken im Alltag beobachtest, wirst du dich oft genug bei der Produktion von negativen Gedanken ertappen, besonders in Zeiten, in denen du mit deinem Thema konfrontiert bist. So wird die Liste mit den Glaubenssätzen länger und länger, und genau das wollen wir erreichen.

Die anschließende Überprüfung mit »Warum denke ich so?« hilft dir, die Ursache der Prägung zu erforschen. Manchmal reicht diese Erkenntnis schon aus, um eine Veränderung herbeizuführen. Etwa: »Ich denke das nur, weil meine Mutter das immer gesagt hat. Aber das muss gar nicht stimmen, es könnte auch ganz anders sein. Ich entschließe mich dazu, jetzt anders darüber zu denken.« Wenn solch eine Erkenntnis ausreicht, um die Situation zu verändern, so ist das wunderbar. Wenn sie nicht ausreicht, empfiehlt es sich, bewusst mit Glaubenssätzen zu arbeiten, um diese nachhaltig verändern zu können.

Da dies ein Buch zum Thema Spiegelung ist, möchte ich die Arbeit mit Glaubenssätzen nicht allzu weit ausführen. Andererseits möchte ich dich nicht mit deinen negativen Glaubenssätzen alleinlassen, und darum gebe ich dir noch eine hilfreiche Übung an die Hand:
Viele Berater und Therapeuten arbeiten mit Glaubenssätzen, und oftmals ist es nicht mehr nachvollziehbar, wer welche Übung erfunden hat. (Aus spiritueller Sicht ist das auch nicht wichtig, weil wir sowieso alle miteinander verbunden sind und darum auch viele Menschen zur selben Zeit die gleichen Ideen haben.) Aus rechtlichen Gründen weise ich darauf hin, dass die nachfolgende Übung mir erstmalig im Avatar®-Kurs (Begründer Harry Palmer) begegnet ist.

Nachdem du deine Überzeugungen aufgeschrieben hast, bewerte sie wie folgt:
H = hilfreich in Bezug auf mein Ziel
B = behindernd in Bezug auf mein Ziel

Beispiel:
Ich glaube, dass es schwer ist, mein Wunschgewicht zu erreichen. = B
Schlank zu sein ist echt schön. = H
Ich befürchte, dass ich süchtig nach Süßigkeiten bin. = B

Die H-Sätze bleiben, wie sie sind, denn mit ihnen erschaffst du positive Emotionen und ziehst gute Dinge in dein Leben. Die B-Sätze müssen in für dich realisti-

Fragetechnik 6: Lebenssituationen

sche H-Sätze umgewandelt werden. Was versteht man darunter? Wenn du »Ich glaube, dass es schwer ist, mein Wunschgewicht zu erreichen« gleich zu »Ich glaube, es ist ganz leicht, mein Wunschgewicht zu erreichen« umänderst, dann betrügst du dich selbst. Wenn es innerlich nicht stimmig ist, wirken die Sätze nicht, egal wie oft du sie denkst oder sagst. Also wandle den Glaubenssatz so um, dass du ihn auch innerlich annehmen kannst. Das Zauberwort hierfür heißt »vielleicht«. Andere Zauberformeln sind »Es wäre schön, wenn ...« oder Ähnliches. Mit diesen Zauberworten klingen die Sätze dann so:

- »Vielleicht ist es doch viel einfacher, mein Wunschgewicht zu erreichen, als ich es mir jetzt vorstelle.«
- »Es wäre schön, wenn ich mein Wunschgewicht doch erreichen würde.«

Lies diese Sätze, und spüre in dich hinein. Worauf ist deine Aufmerksamkeit dabei gerichtet? Auf jeden Fall nicht mehr auf »dick sein«, sondern schon eher auf das Wunschgewicht. Mit dieser Formulierung gehst du nicht in Widerstand mit deinem inneren Kritiker und bist gleichzeitig schon dabei, etwas Positives zu erschaffen. Wenn du dich dann in Zukunft bei dem Gedanken »Ich glaube, es ist schwer, mein Wunschgewicht zu erreichen« ertappst, hast du gleich deinen neuen Satz parat und kannst sagen: »Nein, das stimmt so nicht mehr, vielleicht ist es doch viel einfacher, als ich es mir jetzt vorstelle.« Somit ist die Wirkung des ersten Satzes nicht völlig aufgehoben, aber die Energie des zweiten Satzes ist wirkungsvoller, weil es in dem Moment dein neuer kraftvoller Entschluss ist. Damit dir die hilfreichen Sätze im passenden Moment auch einfallen können, ist es erforderlich, die Umformulierungen schriftlich festzuhalten. Dadurch prägen sich die Sätze viel tiefer in dein Unterbewusstsein ein. Weiterhin kann es zur Vertiefung nützlich sein, sich die Liste mit den hilfreichen Glaubenssätzen ab und zu durchzulesen.

Nach einiger Zeit wirst du bemerken, dass die neuen Glaubenssätze zu wiederkehrenden Gedanken werden und die behindernden Gedanken gar nicht mehr auftauchen. Automatisch haben sich auch deine Emotionen in Bezug auf dein Thema positiv verändert, denn eine Emotion ist eine Reaktion auf einen Gedanken. Je positiver du denken kannst, desto positiver fühlst du. Dann ist es an der Zeit, die Sätze noch einmal zu bearbeiten, sie noch positiver zu formulieren. Vielleicht sind dann schon nachfolgende Sätze für dich realistisch:

- »Ich bin überzeugt, dass ich mein Wunschgewicht erreiche!«
- »Ich glaube, ich schaffe es auf jeden Fall, mein Wunschgewicht zu erreichen!«

Wenn du dich dann beim Denken des Satzes »Vielleicht ist es doch einfacher, als ich dachte, mein Wunschgewicht zu erreichen« ertappst, kannst du ihn ersetzen durch: »Ich bin sicher, dass ich mein Wunschgewicht erreiche.« Dadurch wird dein Denken immer positiver, und du steuerst geradewegs auf dein Ziel zu.

Fragetechnik 6: Lebenssituationen

Das »Gesetz der Anziehung« besagt, dass du dein Endziel schon als erreicht fühlen musst, um das Gewünschte in dein Leben zu ziehen. Das bedeutet für diese Übung, dass du am Ende alle Sätze noch einmal umformulieren musst, und zwar in Sätze, die aussagen, dass du das Gewünschte schon erreicht hast.

Bei dem Satz »Ich bin überzeugt, dass ich mein Wunschgewicht erreiche« erschaffst du die Kraft und Überzeugung, es zu erreichen, aber du erschaffst noch nicht dein Wunschgewicht. Diesen Satz könntest du zum Beispiel so umformulieren: »Ich freue mich, dass ich mein Wunschgewicht erreicht habe.« Oder: »Endlich habe ich es geschafft, ich bin so froh.« Fühle einmal in diese Sätze hinein. Kannst du fühlen, dass du dein Ziel erreicht hast? Wenn ja, dann ziehst du über die Schwingung deines Gefühls diese Realität in dein Leben. Wenn du es mit diesen Sätzen noch nicht fühlen kannst, dann formuliere sie so um, dass es für dich passt. Verwende eine Sprache, die dir entspricht. Es ist auch sehr effektiv, die Glaubenssätze immer mit einem Gefühl zu beschreiben. Zum Beispiel: »Ich freue mich, dass …«, oder: »Super, dass …«, oder: »Es ist einfach toll, dass …«, usw.

Auf diese Art verfährst du mit allen Glaubenssätzen. Ob diese Übung dich zum gewünschten Erfolg führt, kannst du nur herausfinden, indem du es ausprobierst. Es lohnt sich auf jeden Fall. Wenn dir diese Art der Arbeit zu zeitintensiv ist oder du dich damit allein überfordert fühlst, wende dich an eine fachkundige Person (Therapeut, Lebensberater, Bewusstseinstrainer usw.). Wie schon erwähnt: Es gibt zahlreiche Methoden, negative Glaubensmuster aufzulösen.

Nun wieder ein paar Beispiele zu diesem Thema, damit auch diese Fragetechnik für dich verständlicher wird.

2. Hausbau mit Hindernissen

Karsten und seine Frau lassen sich von einem Bauunternehmen ihr Haus schlüsselfertig bauen. Er fährt mehrmals täglich auf den Bauplatz, um zu überwachen, ob die Arbeiter auch alles richtig machen. Immer wieder entdeckt er Fehler (z. B. wird falsches Material verwendet, der Kamin anders als besprochen eingebaut, Rohre falsch verlegt). Karsten bemerkt die Fehler immer noch rechtzeitig, sodass kein größerer Schaden entsteht. Am Anfang ist die Fehlerzahl noch gering, aber mit jedem Tag schleichen sich mehr Fehler ein. »Warum passieren nur so viele Fehler beim Bau meines Hauses?«, fragt er sich. »Warum sind die Arbeiter nicht vertrauenswürdig?«

Wenn ich an mein Thema denke, worauf richtet sich dann meine Aufmerksamkeit?
Ich achte auf Fehler.

Fragetechnik 6: Lebenssituationen

Was tue ich dafür bzw. dagegen? Welche Motivation bestimmt mein Handeln?
Handlung: Ich kontrolliere täglich mehrmals die Arbeiter. – Motivation: Fehler entdecken bzw. vermeiden.

Worauf richtet sich aufgrund dieser Motivation meine Aufmerksamkeit?
Ich achte auf Fehler.

Welche Folgen hat das?
Es entstehen bzw. ereignen sich immer mehr Fehler.

Womit erschaffe ich diese Situation?
Mit meinem Misstrauen gegen die Arbeiter.

Welche Gedanken und Überzeugungen habe ich in Bezug auf mein Thema? Und warum denke ich so?
Gedanken/Überzeugungen:
- Ich glaube, wenn man ein Haus bauen lässt, muss man alles kontrollieren, weil die Arbeiter sonst herumtrödeln und viele Fehler machen.
- Die Bauunternehmer ziehen die Häuser heutzutage in so kurzer Zeit hoch, dass immer viel schiefgeht.
- Viele Arbeiter sind unzuverlässig. Daher: Vertrauen ist gut, Kontrolle ist besser.

Warum denke ich so?
Während ich die Sätze aufschreibe, habe ich die Stimme meines Vaters im Ohr. Als ich ein Kind war, bauten auch

meine Eltern ein Haus. Mein Vater vertraute keinem und übernahm jeden Tag das Kommando auf dem Bau. Ich bin auch so – das ist ja furchtbar! So will ich gar nicht sein. Darum werde ich mein Verhalten sofort ändern. Der Bauunternehmer trägt die Verantwortung, nicht ich. Wenn ich am Ende Mängel feststellen werde, dann muss er dafür geradestehen und sie auf eigene Kosten beheben. Und die Aussage »Vertrauen ist gut, Kontrolle ist besser« empfinde ich, wenn ich darüber nachdenke, als total negativ. Ich habe sie so oft von verschiedenen Leuten gehört und wohl unbewusst für mich übernommen. Diesen Satz streiche ich augenblicklich aus meinem Wortschatz.

Ein paar Wochen später
Aufgrund seiner Erkenntnis kann Karsten sein Verhalten radikal verändern. Er gibt seine Kontrollgänge auf, verändert seine Glaubenssätze und fängt an, dem Bauunternehmer und dessen Mitarbeitern zu vertrauen. Die Welt spiegelt ihm sofort die Veränderung seiner Gedanken. Auf dem Bau verläuft seitdem alles nach Plan, die Bauarbeiter arbeiten korrekt und fleißig.

Nun zwei Beispiele zum selben Thema: Es sind die Geschichten von Friedhelm und Erna, die beide arbeitslos sind und Arbeitslosengeld I beziehen. Jeder von ihnen war jahrelang berufstätig und hat daher einen Anspruch auf Arbeitslosengeld für ein Jahr. Mit der Arbeitsagentur machen sie jedoch völlig unterschiedliche Erfahrungen.

Fragetechnik 6: Lebenssituationen

3. Friedhelms Erfahrungen mit der Arbeitsagentur

Friedhelm findet die Betreuung durch die Agentur für Arbeit sehr gut. Er hat eine verständnisvolle Betreuerin, die stets umsichtig handelt. Er fühlt sich gut beraten.
Seine Betreuerin ist bestrebt, ihn in seinem Beruf zu vermitteln. Zudem spricht sie ausführlich mit ihm über Weiterbildungsmöglichkeiten und motiviert ihn, die Zeit seiner Arbeitslosigkeit für Fortbildungen zu nutzen.
Friedhelm darf diesbezüglich auch seine Wünsche äußern. Zwei Fortbildungen bekommt er genehmigt. Er genießt es, Neues lernen zu können (auf Kosten der Agentur für Arbeit).
Natürlich wäre er lieber berufstätig, aber er fühlt sich trotz seiner Arbeitslosigkeit wohl und ist sich sicher, dass er wieder einen guten Job finden wird.

Wenn ich an mein Thema denke, worauf richtet sich dann meine Aufmerksamkeit?
Ich werde durch die Arbeitsagentur gut betreut und bin zuversichtlich, was meine Zukunft betrifft.

Was tue ich dafür bzw. dagegen? Welche Motivation bestimmt mein Handeln?
Handlung: Ich nehme die Situation so an, wie sie ist, und mache das Beste daraus, indem ich die Gelegenheiten zur Fortbildung nutze. – Motivation: Meine Handlungen dienen meinen Zukunftschancen.

Worauf richtet sich aufgrund dieser Motivation meine Aufmerksamkeit?
Auf das Gute, das die Zukunft bereithält.

Welche Folgen hat das?
Es geschieht mir Gutes in der Zukunft.

Womit erschaffe ich diese Situation?
Ich habe eine positive Einstellung zu meinem Leben und zur Arbeitsagentur.

Welche Gedanken und Überzeugungen habe ich in Bezug auf mein Thema? Und warum denke ich so?
Gedanken/Überzeugungen:
- Es ist toll, dass die Agentur für Arbeit mir die Fortbildungen bezahlt.
- Es ist einfach gut, dass es in Deutschland so eine Einrichtung wie die Agentur für Arbeit gibt.
- Es gibt viele kompetente Mitarbeiter beim »Amt«.
- Usw.

Warum denke ich so?
Das weiß ich gar nicht so genau. Ich selber hatte zuvor nie etwas mit der Arbeitsagentur zu tun und habe mir somit diesbezüglich nie bewusst Gedanken gemacht. Aber ich erinnere mich daran, dass mein Vater früher regelmäßig im Winter arbeitslos war. Er war Maurer, und während der Schlechtwetterperiode mussten seine Kollegen und er immer Arbeitslosengeld beziehen. Meistens war das

um die Weihnachtszeit herum im Dezember und im Januar. Mein Vater bewertete diese Zeit nie negativ, sondern er nutzte die freie Zeit für sich. Meine Mutter freute sich auch über die geschenkte Zeit, denn dann hatte er viel Zeit und Lust für gemeinsame Unternehmungen. Sorgen um seinen Arbeitsplatz machte er sich nie, denn es war ihm klar, dass die Zeit der Arbeitslosigkeit immer nur von begrenzter Dauer war. Ich bin wohl positiv in Sachen »Amt« geprägt worden und erfahre deswegen den Umgang mit der Arbeitsagentur auch so positiv.

4. Ernas Erfahrungen mit der Arbeitsagentur

Erna wird durch dieselbe Abteilung der Arbeitsagentur betreut. Sie hat jedoch eine andere Betreuerin, die ihr unterstellt, dass sie sich nicht ernsthaft um eine neue Arbeit bemühe. Erna wird die sofortige Streichung des Arbeitslosengeldes angedroht, sofern sie nicht ihre Bewerbungsnachweise einreicht. Zudem wird sie gezwungen, an Fortbildungen teilzunehmen, die überhaupt nichts mit ihrem Beruf und ihren Fähigkeiten zu tun haben. Zielgerichtete und sinnvolle Fortbildungswünsche werden von vorneherein abgelehnt. Sie fühlt sich wie ein Mensch zweiter Klasse und findet es unerträglich, arbeitslos zu sein.

Wenn ich an mein Thema denke, worauf richtet sich dann meine Aufmerksamkeit?

Ich fühle mich schlecht, wertlos und außerdem sehr ungerecht behandelt.

Was tue ich dafür bzw. dagegen? Welche Motivation bestimmt mein Handeln?
Handlung: Ich tue nichts dagegen. – Motivation: Ich bin davon überzeugt, dass ich nichts gegen meine Situation tun kann.

Worauf lenke ich aufgrund dieser Motivation meine Aufmerksamkeit?
Ich denke an Machtlosigkeit und Hilflosigkeit.

Welche Folgen hat das?
Keine guten …

Womit erschaffe ich diese Situation?
Mit meinen Gedanken und Gefühlen in Bezug auf mein Leben und die Agentur für Arbeit.

Welche Gedanken und Überzeugungen habe ich in Bezug auf mein Thema? Und warum denke ich so?
Gedanken/Überzeugungen:
- Es ist total schlimm, arbeitslos zu sein.
- Die Arbeitsagentur betrügt und belügt jeden, denn sie will gar nicht zahlen.
- Die Arbeitsagentur fälscht die Arbeitslosenzahlen, indem sie Arbeitslose in Maßnahmen steckt, die völlig unsinnig sind!

- Die Mitarbeiter der Arbeitsagentur sind fein raus. Sie haben eine feste Arbeitsstelle und können sich nicht vorstellen, wie es ist, arbeitslos zu sein.
- Usw.

Warum denke ich so?
Ich habe mich über mehrere Jahre hinweg sehr intensiv mit Esoterik beschäftigt und daher auch einiges über die Mächtigen der Welt und deren Machenschaften gelesen: Die Mächtigen stecken alle unter einer Decke! In diesen Büchern wird auch beschrieben, dass die Arbeitslosenzahlen Betrug sind. Die Zahlen werden gefälscht, auch indem man Arbeitslose in unsinnige Maßnahmen steckt. Die Mitarbeiter der Agentur für Arbeit werden zudem von ihren Vorgesetzten angewiesen, unfreundlich zu den Arbeitslosen zu sein, damit diese sich schlecht fühlen und am besten krank werden. In diesen Fällen muss die Arbeitsagentur nicht mehr zahlen, sondern die Krankenkasse, usw.

Für Erna wäre es wichtig, ihre Einstellung zu überprüfen und zu verändern. Mit ihrer derzeitigen negativen Einstellung zur Agentur für Arbeit kann sie unmöglich positive Erfahrungen anziehen.
Im Erschaffen von negativen Erfahrungen ist sie (leider) sehr gut. Wenn Erna jedoch herausfinden kann, wie sie das macht, dann könnte sie lernen, positive Erfahrungen zu erzeugen, denn prinzipiell ist es die gleiche Technik.

Zusammenfassung

Ich verzichte auf noch mehr Beispiele, weil diese Spiegeltechnik inzwischen klar sein dürfte. An dieser Stellte möchte ich dich auffordern, einmal zu überprüfen, welche Gedanken du zu Themen wie Klimakatastrophe, Umweltverschmutzung, Wirtschaftskrise, Gesundheitsreform, Krieg, Terror, 2012 usw. hast. Aus welchem Grund? Weil wir mit unseren Gedanken kollektiv unsere Welt erschaffen. Wenn immer mehr Menschen glauben, dass die Anzahl von Terrorangriffen zunehmen wird, die Politiker unfähig sind, Kassenpatienten demnächst alles selbst zahlen müssen, 2012 die Welt untergeht usw., dann produzieren wir mit diesen Gedanken solche Erfahrungen. Wenn jedoch immer mehr Menschen anfangen zu glauben, dass Friede auf Erden möglich ist, es fähige Politiker und gute Reformen gibt, immer mehr Menschen fähig sind, ihre Selbstheilungskräfte zu aktivieren usw., dann wird auch das möglich sein. Wenn du also etwas für den Weltfrieden, etwas Gutes für deinen Nächsten oder für dich selbst tun willst, dann fange bei der Überprüfung deiner Lebenseinstellungen an.

Fragetechnik 7:
Spiegel Natur

Auch die Natur ist ein wunderbarer Spiegel für uns. Sie kann uns unsere Gefühle, Gedanken und Handlungen spiegeln und uns zu hilfreichen Erkenntnissen führen. Wir müssen dafür nur genau hinsehen. Was fällt uns auf? Was nehmen wir wahr? Ob wir dabei durch die Natur gehen oder an einem Platz sitzen, spielt keine Rolle. Nachdem wir eine Situation erfasst haben, bedarf es keiner komplizierten Fragetechnik mehr. Die Frage »Was hat das mit mir zu tun?« allein reicht häufig schon aus, um zu einer wichtigen Erkenntnis zu gelangen. Hier gleich das erste Beispiel:

1. Die Lebenshälften

Lukas sitzt auf einer Parkbank und schaut in die Landschaft. Ihm fallen zwei Felder auf, und er betrachtet sie eingehender. Beide Felder sind fast gleich groß. Jedoch ist das linke Feld abgeerntet, wohingegen das rechte Feld in voller Blüte steht.

Was hat das mit mir zu tun?
Lukas kommt spontan der Gedanke: »Das spiegelt mir mein Leben! Eine Lebenshälfte habe ich schon hinter mir, dafür steht das abgeerntete Feld. Aber die andere Lebenshälfte habe ich noch vor mir! Es gibt noch so viel Gutes für mich, es gibt noch so viel zu ernten!« Das war für ihn eine sehr wichtige Erkenntnis, denn zuvor trauerte er seiner Vergangenheit nach, haderte mit dem Älterwerden und hatte wenig Zuversicht und Vertrauen in die Zukunft. Diese Erkenntnis brachte ihm ganz neue, positive Gedanken. Auf einmal sah er viele neue Perspektiven für sich und verspürte große Lust, sein Leben zu leben, anstatt der Vergangenheit nachzutrauern. So kann ein bewusst wahrgenommener Moment in der Natur unser Leben augenblicklich verändern.

Zu diesem Thema führe ich noch ein paar weitere Beispiele an, damit du sehen kannst, wie hilfreich und einfach es sein kann, sich in der Natur zu spiegeln.

2. Mit dem Leben fließen

Gerd steht an einem kleinen Fluss und schaut zu, wie das Wasser dahinfließt. Im Flussbett liegen viele Steine, große und kleine, kantige und runde. Einige Steine ragen zur Hälfte aus dem Wasser heraus. Auf Gerd wirken sie wie große Hindernisse. Aber das Wasser fließt einfach:

Fragetechnik 7: Natur

Vor den großen Steinen teilt es sich, fließt um sie herum und verbindet sich anschließend wieder zu einem Strom. Das sieht so leicht aus, es ist kein Widerstand zu sehen, es gibt keinen Kampf, und niemand kommt zu Schaden. Gerd beginnt, über sein Leben mit all den Schwierigkeiten nachzudenken. Ihm wird bewusst, dass er im Vergleich zum Wasser sehr unvorteilhaft mit den Hindernissen auf seinem Lebensweg umgeht. Er spürt ständig den Widerstand seiner Probleme, er ist wütend und aggressiv, kämpft gegen sie an, weil er sie beseitigen will. Der Fluss gibt ihm jetzt einen Hinweis darauf, dass er auch anders mit seinen Problemen umgehen kann. Er versteht die Botschaft der Natur und nimmt ihren Rat dankend an.

3. Einer sinnvollen Arbeit nachgehen

Ralf macht eine Wanderung und kommt nach drei Stunden Fußmarsch an eine große Holzbrücke, die es ihm ermöglicht, einen großen Fluss zu überqueren. Während er über die Brücke läuft, geht ihm durch den Kopf: »Derjenige, der diese Brücke gebaut hat, hat wahrlich etwas Gutes für die Menschen erschaffen. Die Brücke wurde schon vor sehr vielen Jahren gebaut, und mehrere Generationen von Menschen konnten – und werden auch in Zukunft – sie nutzen.« Gleichzeitig wird ihm bewusst, dass er auch gerne einer sinnvollen Arbeit nachgehen würde. Er wünscht sich, anderen Menschen zu helfen und etwas zu erschaffen, was einen bleibenden Wert hat. Diesen Wunsch hatte er bislang noch nie in sich verspürt. Jetzt ist er motiviert, sich einmal eingehend mit seiner Arbeit auseinanderzusetzen und gegebenenfalls einen Richtungswechsel einzuschlagen.

4. Denke nicht an die Früchte deiner Arbeit

Anja hat viel Zeit in ein Arbeitsprojekt gesteckt, welches sie in ein paar Wochen beenden wird. Voller Ungeduld denkt sie die ganze Zeit darüber nach, ob dieses Projekt den gewünschten Erfolg zeitigen wird. Aufgrund der abschweifenden Gedanken kommt sie nur zögerlich mit ihrer Arbeit voran.
Eines Tages schaut Anja durch das Küchenfenster in den Garten. Dort stehen viele Bäume, unter anderem auch ein Apfelbaum. Ihr fällt auf, dass unter diesem Apfelbaum ganz viele rote Äpfel liegen. Der Baum musste sie im Verlauf des Tages abgeworfen haben, denn am Tag zuvor lagen noch keine Äpfel unter dem Baum. Sie denkt sich: »Die Früchte fallen vom Baum, sobald sie reif sind. So ist es auch mit meiner Arbeit. Ich sollte mich voll auf mein Tun konzentrieren und jetzt nicht über das Ergebnis nachdenken. Wenn die Zeit reif ist, wird mir der Erfolg unversehens in den Schoß fallen – so wie die Äpfel einfach vom Baum fallen.«
Diese Gedanken bewirken, dass sie ihre Aufmerksamkeit ganz auf ihr Tun lenkt und daher konzentriert bei der Sa-

che ist. Dadurch macht ihr ihre Arbeit wieder viel mehr Freude, die Qualität ihrer Arbeit verbessert sich enorm, und sie kommt mühelos vorwärts. Ihr Arbeitsprojekt wird schließlich ein großer Erfolg.

5. Wenn der Nebel einem die Sicht nimmt

Lilly fährt mit dem Fahrrad zur Arbeit. Es ist sehr nebelig, sodass die Sicht sehr eingeschränkt ist und sie lediglich ein paar Meter weit schauen kann. »Ich hasse das«, denkt sie bei sich. Anschließend fragte sie sich: »Warum mag ich das eigentlich nicht? Die Sicht reicht doch völlig aus. Ich sehe das, was ich sehen muss, um von A nach B zu kommen.« Dabei wird ihr klar, dass diese Situation eine Spiegelung ihres Verhaltens im Allgemeinen ist.
Der Besuch von Lillys Schwiegermutter steht an, und Lilly grübelt schon seit einer Woche darüber nach, was sie gemeinsam unternehmen könnten: Am Montag Ausflug in die Berge, am Dienstag Zoobesuch, am Mittwoch Shopping-Tour durch die City usw.
Jetzt bemerkt Lilly, wie anstrengend die Planung für sie ist. Es wäre für sie viel einfacher, wenn sie die Schwiegermutter erst einmal ankommen ließe und sie dann fragen würde, was sie gemeinsam mit ihr unternehmen möchte. »Mehr in der Gegenwart sein und nicht so weit in die Zukunft denken!« Diese Erkenntnis bringt ihr eine große innere Befreiung, sodass sie sogar den Nebel lieben kann.

6. Es kann nicht immer alles nur wachsen und blühen

Lisa besitzt ein Kosmetikinstitut. Monatelang lief das Geschäft sehr gut, aber seit ein paar Wochen ist es auffällig ruhig geworden. Im aktuellen Monat ist der Umsatz deutlich geringer als in den Vormonaten. Lisa macht sich Sorgen, und ihre Stimmung sinkt auf den Nullpunkt. In dieser Gemütsverfassung läuft sie durch einen Park. Sie betrachtet die schönen, großen Bäume, und ihr Blick fällt auf einen davon, dessen Blätter bereits am Welken sind. Ihr kommt der Gedanke: »Es kann nicht immer nur die Blütezeit geben.« Dabei erkennt sie, dass es unterschiedliche Zeiten gibt – und auch geben muss. »Es gibt Zeiten der Blüte, Zeiten des Vergehens, Zeiten der Ruhe und Regeneration sowie Zeiten des Neuentstehens. Auch dieser Baum kann nicht immer nur wachsen und blühen. Die Blätter fallen ab, der Saft wird sich ganz in die Wurzeln des Baumes zurückziehen und irgendwann wieder mit neuer Kraft in den Baum hineinfließen und ihn so erneut zum Blühen bringen. So ist es auch mit meinem Geschäft: Es gibt Zeiten der Blüte, aber auch Zeiten der Ruhe und Neubesinnung.« Sie erkennt, dass sie, anstatt sich in der aktuellen Ruhezeit zu sorgen, ihre Zeit wahrlich besser nutzen kann.

Zusammenfassung

Es gibt viele Varianten, sich in der Natur zu spiegeln. Ob du das Spiegeln in der Natur mit einem Ritual verbindest, mit einer bestimmten Frage losgehst oder einfach nur herumspazierst, spielt dabei keine Rolle. Wichtig ist, dass du im gegenwärtigen Moment, also ganz im Hier und Jetzt präsent bist. Das gelingt dir nicht, wenn du im Kreislauf deiner Gedanken gefangen bist, dich also im Geiste ständig in der Vergangenheit oder in der Zukunft aufhältst. Je mehr du dich auf dein gegenwärtiges Tun konzentrierst, desto präsenter bist du.

Wenn du also spazieren gehst, spüre deine Füße und jeden Schritt ganz bewusst, spüre den Wind, die Sonne oder den Regen auf deiner Haut, spüre einfach deinen ganzen Körper dabei. Das ist ein Weg »aus dem Kopf herauszukommen« und Gegenwärtigkeit herzustellen. Und vielleicht kennst du noch andere Methoden oder Meditationen, die das Gleiche bewirken.

Solltest du übrigens jetzt großes Interesse an dem Thema »Gegenwärtigkeit« gefunden haben und erfahren wollen, wie du mehr Präsenz erlangen kannst, so empfehle ich dir die Lektüre der Bücher von Eckard Tolle, z. B. *Jetzt! Nutze die Kraft der Gegenwart.*

Ein weiteres Buch von der Autorin

THEA WACHTENDORF

Das geheilte Herz
- in Sachen Liebe unverwundbar

In diesem wunderbaren Roman geht es um eine schicksalshafte Liebe, der man nicht ausweichen kann und die am Ende alles auf dem Kopf stellt, woran man zuvor noch geglaubt hat.

ISBN: 978-3-7448-3910-5
€ 17,90

„Es handelt sich um einen Liebesroman, in dem die in Beziehungen wirkenden psychologischen und spirituellen Prägungen und Mechanismen mit Leichtigkeit und Humor aufgezeigt werden. Dieses Buch eröffnet dem Leser die Chance, Liebesbeziehungen in einem ganz neuen Licht zu sehen, welches verletzte Herzen heilen lässt."

Online bestellen unter: www.Bod.de/Buchshop oder auch Amazon und allen gängigen Buchshops.

Versandkostenfrei innerhalb Deutschland bei einer Bestellung über Bod.de

www.Bod.de/Buchshop

Abschließende Worte

Meine Vision ist, dass immer mehr Menschen das Gesetz der Spiegelung verstehen und anwenden lernen, damit sie besser mit sich selbst und mit anderen Menschen umgehen können. Egal, ob im privaten oder beruflichen Bereichen, es gibt so viel Unfrieden und so viele Konflikte zwischen den Menschen, so viele Probleme, die es nicht mehr gäbe, wenn jeder den Weg der Selbsterkenntnis ginge. Denn jeder, der sich eingehend mit dem Thema Spiegelung beschäftigt, wird meiner Ansicht nach früher oder später sagen:

»Wohin ich auch schaue, ich sehe immer nur mich!«

Es würde mich sehr freuen, wenn dieses Buch dich dazu animiert, die Fragetechniken auf deine persönlichen Themen anzuwenden. Ich bin mir sicher, dass du dadurch zu mehr innerem Frieden finden wirst. Ich wünsche dir, dass auch in deinem Leben Wunder geschehen! Und ich wünsche dir, dass es dir mit der Zeit immer leichter fällt, dich selbst zu erkennen, sodass du den Kampf im Außen aufgeben kannst. Denn, wie einst Stuart Wilde sinngemäß schrieb:

»Das Leben war nie als Kampf gedacht, sondern als ruhiges Wandern von einem Punkt zum andern.«

Ich wünsche dir auch, dass du anhand der Anleitungen mit den Fragetechniken gut allein zurechtkommst. Solltest du Schwierigkeiten damit haben, kannst du dich gerne an mich wenden, denn ich führe zum Spiegelgesetz immer wieder Seminare durch, in denen du dein Wissen anwenden und vertiefen kannst. Meine Kontaktdaten findest du auf meiner Homepage:

www.theawachtendorf.de

Danksagung

An dieser Stelle möchte ich allen Teilnehmern meiner Spiegelseminare herzlichst Danke sagen. Sie alle haben mit ihren Fragen und Geschichten dazu beigetragen, dass dieses Buch entstanden ist. Ein besonderes Dankeschön geht auch an alle, die mir mit ihrem Feedback zu meinem Buch – positiv wie auch negativ – sehr geholfen haben.